Esclusivo!

amazon
total profit
Rivelati:
I "Trucchi Segreti"
3 Metodi per sfruttare al meglio
la potenza di Amazon

Amazon
Total Profit

Come generare guadagni a 6 cifre con il programma di affiliazione di Amazon, Amazon FBA e Amazon Kindle.

*3 Metodi per sfruttare al meglio
la potenza di Amazon.*

- 5 – AMAZON TOTAL PROFIT

Introduzione

Chiunque abbia tentato di generare guadagni con Amazon, si è trovato a dover affrontare un problema dietro l'altro. Non è un segreto. Generare profitti con Amazon non è semplice, soprattutto se non sai come procedere. Non stupisce quindi sapere che la maggior parte delle persone che prova a guadagnare con Amazon decida di lasciar perdere dopo poco tempo.

Ma ecco la verità… Finalmente creare un sito di affiliazione Amazon in grado di convertire, un sito pronto per generare incredibili commissioni – in modo automatico – non è così impossibile come potresti credere!

Se vuoi sapere come poter guadagnare con Amazon, sei nel posto giusto. Continua a leggere! Rimarrai sorpreso dalla semplicità di questi metodi, personalmente all'inizio neppure io riuscivo a crederci.

Ecco un breve anticipo di ciò che imparerai grazie a questa Guida:

- Come funziona Amazon. I 7 Elementi chiave – che nessuno conosce - da tenere in considerazione.
- Come guadagnare con Amazon in qualità di affiliato. Cosa sono le affiliazioni di Amazon. Come si diventa affiliati di Amazon.
- Perché il mercato delle affiliazioni di Amazon rappresenta la miglior scelta. I 4 migliori motivi per diventare affiliato Amazon.
- Scegliere una nicchia di mercato di Amazon profittevole. Le 3 strategie - provate e testate – per capire quali prodotti sono in grado di farti generare maggiori guadagni.
- Strategie passo passo per selezionare i migliori prodotti da promuovere.
- Come creare un sito di affiliazione Amazon. Vedrai come in pochi click puoi settare il tuo business e iniziare a guadagnare come affiliato.

- Come creare contenuti sulla base dei prodotti selezionati. Le 4 strategie più semplici da applicare per creare contenuti interessanti inerenti i prodotti scelti per il tuo sito di affiliazione di Amazon.
- Procedura dettagliata step by step, senza margine di errore, per la creazione del tuo account affiliato Amazon.
- Collegamento dei link affiliato. Come far fluire gli utenti dai contenuti del tuo sito direttamente sul marketplace di Amazon attraverso i tuoi link di affiliazione.
- Come promuovere il tuo sito – parte I. I metodi più efficaci per promuovere il tuo sito.
- Come promuovere il tuo sito – parte II. Quali sono i 6 strumenti che puoi usare per promuovere il tuo sito.
- Come costruire il tuo impero di affiliazioni Amazon nel modo più efficace. I 6 elementi chiave che hanno permesso a molte persone di lasciare il proprio lavoro costruendo un business solido con le affiliazioni di Amazon.
- Come incorporare un aStore di Amazon sul tuo account Facebook. Metodo semplice e veloce.
- Come vendere un Ebook sulla più grande rete mondiale di libri digitali: Amazon Kindle Store
- Altre strategie di marketing, specifiche per le affiliazioni Amazon, da tenere in considerazione. 5 tecniche aggiuntive che ti consentiranno di trarre il massimo dal tuo nuovo business.

Tutto questo e molto altro ancora!

Capitolo 1
Cos'è Amazon?

Partiamo dal presupposto che chiunque stia leggendo questa guida sappia che cos'è Amazon. Ma nel caso in cui qualcuno non lo sapesse, possiamo semplicemente dire che si tratta dell'eCommerce più importante che esista al mondo.

Amazon è la piattaforma principale nel settore del commercio online. Sono milioni le persone che, in tutto il mondo e tutti i giorni, godono del servizio eccellente e senza precedenti di amazon.com. Ma è solo questo ciò che davvero è necessario sapere riguardo Amazon? O c'è di più? La verità è che amazon.com ha costruito la sua reputazione come negozio online più diffuso e più vasto disponibile su internet tuttavia si tratta di una realtà molto più estesa. Sono certo che resterai sorpreso quando scoprirai tutto ciò che Amazon è riuscito a raggiungere!

Opportunità e Innovazione

Ciò che contraddistingue Amazon – oltre alla sua vastità – è la qualità eccellente del suo servizio ma non solo. Infatti la caratteristica che lo rende ancor più interessante è che mette a disposizione la propria piattaforma per incoraggiare le persone a seguire le proprie passioni con la possibilità di generare guadagni.

Amazon offre un'opportunità senza precedenti alle persone intenzionate a cambiare e a migliorare il proprio stile di vita, alle persone che vogliono sfruttare i propri interessi e la propria creatività per offrire qualcosa che gli altri utenti possono trovare sul marketplace di Amazon. Con una realtà simile, l'unico limite è la tua immaginazione.

In tutto il mondo le aziende si servono di Amazon per espandere la propria attività, il che ha avuto un effetto economico positivo non solo per le persone che ne sfruttano il potenziale ma anche per chi usufruisce di questa realtà.

Amazon non vuole solo essere il maggior negozio online del mondo ma vuole migliorare la tecnologia e l'eCommerce per tutti, inclusa la concorrenza. Ecco perché ha introdotto iniziative innovative come la consegna con i droni; il 1-Click Ordering e Amazon Fresh.

La realtà di Amazon è sempre proiettata verso l'eccellenza e il raggiungimento mirato dei diversi obiettivi. Tutti hanno la possibilità di sperimentare e di usufruire dei servizi di qualità ed eccellenza per i quali Amazon è conosciuto.

Capitolo 2
Come guadagnare come affiliato Amazon

Sul fatto che Amazon sia una macchina da soldi, sia per i fondatori che per le persone che sanno sfruttarne il potenziale, non ci sono dubbi.

Lo sapevi che praticamente chiunque abbia a disposizione un computer e una connessione internet può guadagnare grazie ad Amazon? E' proprio così. Quando si tratta di generare guadagni, Amazon offre diverse opzioni: puoi diventare un venditore di Amazon; puoi offrire i tuoi servizi; puoi vendere i tuoi prodotti.

Esiste anche un approccio diverso per riuscire a generare entrate automatiche proprio grazie ad Amazon. Puoi diventare un affiliato di Amazon; il che significa che puoi guadagnare vendendo prodotti su Amazon senza doverti occupare della logistica relativa ai prodotti stessi.

Cos'è un affiliato di Amazon?

Per capire cos'è un affiliato di Amazon devi innanzitutto capire cos'è il mercato delle affiliazioni o *affiliate marketing*. L'affiliazione non è altro che la promozione di prodotti di terzi con lo scopo di effettuare vendite e generare così delle commissioni. In questo caso potresti generare guadagni vendendo prodotti disponibili sul marketplace di Amazon.

Come si diventa un affiliato di Amazon?

Il procedimento per diventare un affiliato è molto semplice. In pratica devi andare sulla home page del sito di Amazon, accedere al tuo account (o crearne uno qualora non lo avessi) e andare in fondo alla pagina, alla voce: "Guadagna con Amazon" e cliccare su "Diventa affiliato".

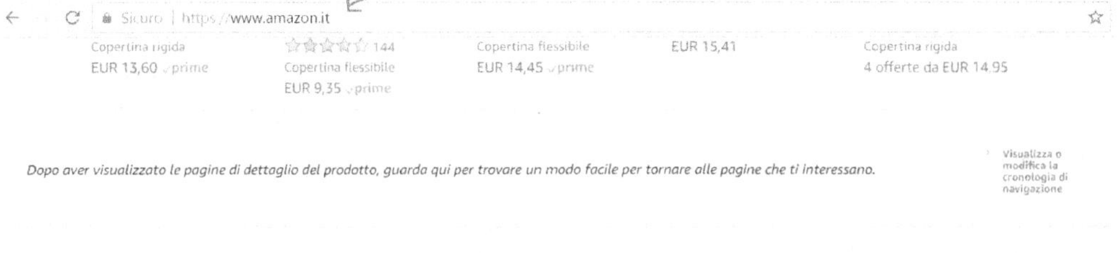

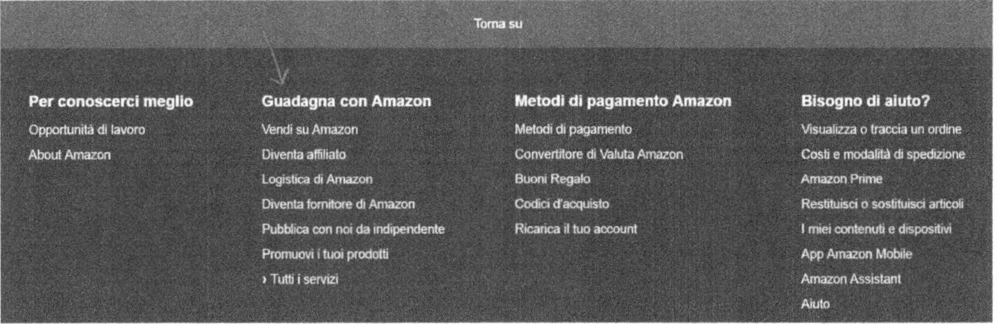

Come si guadagna con Amazon in qualità di affiliato?

Per guadagnare con Amazon in qualità di affiliato devi semplicemente promuovere prodotti che sono sul marketplace di Amazon e, con oltre un milione di prodotti disponibili, non dovrebbe essere difficile trovare il prodotto giusto per te, che sia interessante per la nicchia di mercato in cui intendi operare (o in cui operi già).

Sono tantissime le categorie tra cui scegliere i prodotti da promuovere. Dai video games ai televisori; dalla componentistica per computer ai giocattoli; e ancora, orologi; gioielli; attrezzature da cucina e così via... Puoi anche scegliere prodotti da categorie più ampie come ad esempio le Amazon Gift Cards; la musica in formato digitale e i dispositivi. Le commissioni variano in base alla categoria e partono da un minimo di 4% fino ad un massimo di 10% per prodotto venduto.

Adesso ti chiederai: "come faccio a promuovere questi prodotti per cominciare a guadagnare"?

Esistono diversi canali che puoi sfruttare per fare promozione. Il metodo più diffuso è quello di creare un sito affiliato, ma puoi anche usare una fan page di Facebook ad esempio. Puoi inserire il link del prodotto che scegli semplicemente prendendo l'URL da Amazon stesso. Inserisci questo link negli aggiornamenti e nei contenuti che produci per il tuo sito o per la tua fan page. Puoi anche usare dei link personalizzati e banner per illustrare le caratteristiche del prodotto che decidi di promuovere.

Un altro metodo attuale per monetizzare i contenuti relativi ai prodotti Amazon che decidi di promuovere è quello di creare un "aStore". Si tratta di semplici ed eleganti siti che ti permettono di illustrare i benefici e le caratteristiche dei prodotti per cominciare a generare commissioni nel modo più semplice possibile.

Dovrai ovviamente guidare i tuoi utenti e invogliarli ad acquistare offrendo contenuti gratuiti di valore inerenti la nicchia di mercato in cui operi e di conseguenza i prodotti che promuovi.

Capitolo 3
Perché il mercato delle affiliazioni di Amazon rappresenta una possibile scelta

Finora abbiamo visto come Amazon offra un'opportunità senza precedenti a chiunque sia intenzionato a dedicare un po' di impegno alla vendita di prodotti disponibili sul suo marketplace. Ma, come saprai, il mercato delle affiliazioni non è stato inventato da Amazon.

In effetti, quello delle affiliazioni è considerato il metodo più diffuso per monetizzare contenuti web; ci sono anche molte persone che guadagnano con i network di CPA o *"cost per action"*. Magari anche tu potresti essere tentato a provare questo sistema di guadagno online.

Se vuoi approfondire questo argomento clicca qui:
www.stefanodelgrande.com/sdg/cpa-affiliazioni-generation

Ma la verità è che per quanto quello delle CPA sia un metodo valido presenta comunque alcuni svantaggi. Il primo è la difficoltà stessa nell'iniziare con questo sistema di guadagno. Un altro svantaggio nel promuovere le offerte CPA è che spesso sembrano *spam* nel loro aspetto.

In quanto affiliato Amazon invece puoi appoggiarti alla garanzia di un brand noto e diffuso nel campo della vendita online. Le persone non hanno nessun timore nel cliccare un link che rimanda ad un prodotto in vendita su Amazon in quanto si tratta di un sito non solo diffuso e affidabile ma anche molto amato dagli utenti. Vediamo quindi alcune delle ragioni per cui le affiliazioni di Amazon costituiscono una buona opzione.

- Amazon è un brand affidabile

Abbiamo già accennato al fatto che Amazon sia un sito conosciuto, affidabile e amato dalle persone ma forse non abbiamo approfondito questo concetto che è molto più esteso di quanto immagini. Intanto stiamo parlando del principale sito di eCommerce esistente al mondo, un sito visitato da oltre 250 milioni di persone ogni mese. Se chiedi a qualcuno dove ha acquistato online l'ultima volta, quasi certamente ti risponderà: "su Amazon".

- Commissioni che accrescono

Con una percentuale di partenza del 4% potresti pensare che ci voglia davvero molto tempo prima di guadagnare somme più consistenti con le affiliazioni di Amazon. Ma tieni presente che si tratta di una percentuale base e le commissioni aumentano e si sommano fino a raggiungere il 10% su ogni vendita a seconda della categoria che hai selezionato.

- Guadagni per ogni vendita effettuata indipendentemente dal prodotto

In pratica ogni network di affiliazione ti retribuisce una commissione per la vendita di un servizio o di un prodotto specifico. Con Amazon invece puoi generare commissioni per ogni vendita che l'utente effettua attraverso il tuo link di affiliazione.

Poniamo il caso che tu stia promuovendo una cyclette e la persona che clicca sul tuo link, una volta su Amazon, decida di acquistare una TV; tu comunque guadagni perché hai portato quella persona sul sito. Quindi magari tu stai promuovendo un prodotto da 10€, la persona effettua un acquisto da 1000€, tu guadagni fino al 10% sulla vendita da 1000€! Il mio consiglio è comunque quello di prediligere la promozione di prodotti molto costosi fin da subito, come per esempio elettrodomenstici.

- Facile da avviare

Diventare un affiliato Amazon richiede non più di 10 minuti del tuo tempo. Alcuni network invece hanno delle procedure di approvazione che richiedono anche giorni in alcuni casi. Inoltre, inserire i link di affiliazione sul tuo sito è davvero molto semplice.

Capitolo 4
Scegliere la giusta nicchia su Amazon

Adesso che hai potuto constatare tutti i vantaggi delle affiliazioni Amazon vorrai cominciare a guadagnare le tue prime commissioni. E' facile lasciarsi prendere dall'entusiasmo quando si pensa di poter generare guadagni con un business eCommerce senza però doversi occupare di tutta la logistica!

Probabilmente ti chiederai: "ok. Ma come inizio"?
Come ogni business devi cominciare step by step, in modo graduale, e devi innanzi tutto stabilire che tipo di prodotto o servizio promuovere per guadagnare come affiliato Amazon.

Certo non penserai di scegliere un insieme di prodotti a caso, inserire i link su un sito e sperare che la gente cominci ad acquistare. La prima cosa da fare è scegliere una nicchia di mercato, un settore specifico che abbia le caratteristiche giuste per permetterti di guadagnare delle commissioni consistenti.

Comincia con il verificare i costi per la pubblicità

Prima di scegliere una nicchia di mercato, ti suggerisco di dare un'occhiata ai costi pubblicitari associati ad ogni categoria di prodotti. Questo perché i costi per la pubblicità, uniti al prezzo di vendita finale del prodotto che scegli, determina la commissione che percepisci attraverso le vendite che effettui come affiliato Amazon.

Per sapere quali sono i costi pubblicitari vai sul sito nell'area affiliati:
https://programma-affiliazione.amazon.it/

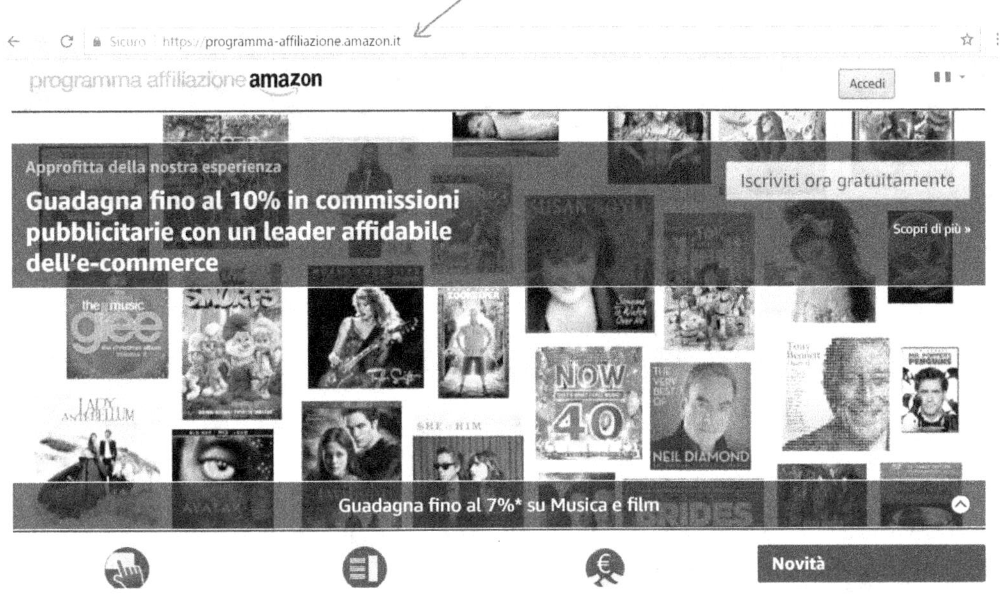

Dopodiché clicca la sezione "Pubblicizza", come da immagine qui sotto:

Ed infine su "commissioni pubblicitarie" dove scoprirai quali sono i costi attuali per le specifiche categorie:

Scopri il programma

Iscriviti

Iscriversi è facile e gratuito

Registrati al programma compilando un breve modulo e crea oggi il tuo primo link di affiliazione.

| Strumenti | Commissioni pubblicitarie | Sezione Report |

Strumento per tutti i siti

Non è necessario essere web master o sviluppatori per trarre vantaggio dai nostri strumenti. Basta copiare e incollare per creare link a prodotti desiderati, categorie popolari, preferiti, i più venduti, pagine di risultati di ricerca e banner: ci sono milioni di opzioni.

SiteStripe

4. Commissioni pubblicitarie standard sul Sito Amazon IT

Categoria di prodotti	Commissioni pubblicitarie fisse
Buoni regalo, Kindle (tutti i dispositivi), lingerie e intimo, abbigliamento notte, calze e collant, abbigliamento da casa	3,0%
Informatica, Elettronica, Foto e videocamere, TV e Home Cinema, Smartphone e cellulari, Videogiochi e Console, Software	3,5%
Cucina, Fai da te, Birra Vino e Alcolici, DVD e Blu-Ray, Musica, Alimentari, Strumenti musicali, Commercio, Industria e Scienza, Handmade	5,0%
Giocattoli, Sport e tempo libero, Apparecchi per la cura personale, Salute e cura della persona, Cancelleria e prodotti per ufficio, Prima infanzia, Casa, Libri, Kindle eBooks, Giardino, Auto e Moto, Bellezza, Prodotti per animali domestici	7,0%
Abbigliamento (escluse le categorie citate sopra), scarpe, gioielli, orologi, valigeria e le Private Label di Amazon Moda (Donna, Uomo e Bambini)	10,0%
Tutti gli altri prodotti	3,0%

Come puoi notare le percentuali variano a seconda della categoria e alcune sono più alte. Questo è un dato da tenere presente e a breve approfondiremo questo punto.

Seleziona una categoria tra le più richieste e tra quelle che vendono di più

Un buon punto di partenza è quello di scegliere una nicchia di prodotti che appartengano ad una categoria diffusa e richiesta dal pubblico. Puoi farlo andando sul sito: https://www.amazon.it/bestsellers

dove puoi trovare informazioni aggiornate in merito a quelli che sono i bestseller, ovvero i prodotti maggiormente richiesti dai clienti Amazon:

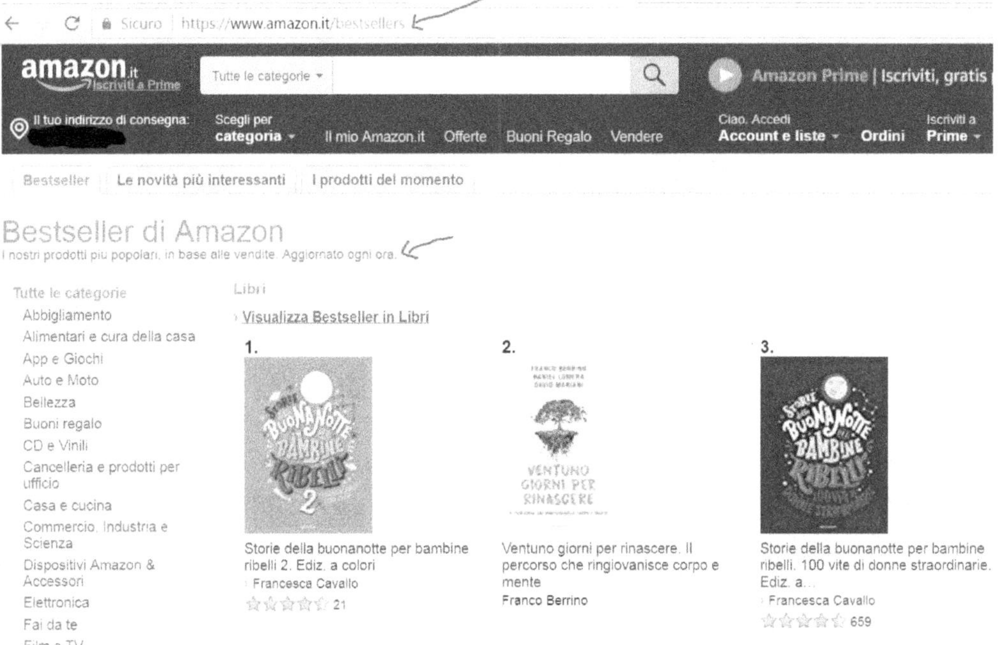

Cerca prodotti da promuovere ad alto costo

Nella scelta della nicchia assicurati che ci siano anche prodotti ad alto costo che tu possa promuovere in modo da guadagnare commissioni più consistenti. Sono sostanzialmente due i modi in cui puoi guadagnare come affiliato: o vendi tantissimi prodotti a basso costo oppure guadagni tanto dalla vendita di pochi prodotti ad alto costo.

La soluzione migliore è quella di scegliere una categoria in cui siano disponibili prodotti ad alto costo. Nella categoria "Elettronica" ad esempio ci sono gli "home cinema" che sono tra i prodotti più costosi appartenenti a questo settore.

**Sony BDV-N7200W Sistema Home Theatre
3D, 5.1 Canali, 1200 W, Audio Hi-Res, NFC,
Nero**
di Sony

☆☆☆☆☆ ▾   42 recensioni clienti
| 131 domande con risposta

Prezzo consigliato: ~~EUR 750,00~~
                        Prezzo: EUR 604,99 **Spedizione GRATUITA.**
                    Risparmi: EUR 145,01 (19%)
                            Tutti i prezzi includono l'IVA.

Nuovi: 11 **venditori da EUR 488,74**   Usati:
2 venditori da EUR 503,59

- Potenza in uscita (RMS): 1200 W
- Sistemi file supportati: FAT32, NTFS
- Bande del sintonizzatore: AM, FM
- Formato audio integrato: Dolby Digital, Dolby Digital Plus,
  Dolby Pro Logic, Dolby TrueHD, DSD, DTS, DTS 96/24, DTS-
  ES, DTS-ES (Discrete 6.1), DTS-HD HR
- Compatibilità 3D

Un altro vantaggio nello scegliere prodotti ad alto costo è che le persone intenzionate a spendere una somma consistente generalmente preferiscono fare delle scelte consapevoli e quindi sono alla ricerca di informazioni che illustrino nel dettaglio le caratteristiche del dato prodotto. In questo modo le persone guarderanno più siti ed è probabile che il tuo sia fra quelli ricercati dall'utente.

Inoltre, si presume che le persone che spendono cifre elevate abbiano maggiori possibilità economiche ed è quindi più probabile che effettuino anche altri acquisti magari proprio attraverso il tuo link.

Capitolo 5
Scegliere i prodotti da promuovere

Sicuramente adesso hai una serie di buone ragioni per voler cominciare a guadagnare con il programma di affiliazioni di Amazon. Come hai potuto vedere, scegliere la nicchia giusta non è difficile quando sai come procedere.

Un errore che molti commettono, una volta scelta la nicchia, è quello di pensare che sia sufficiente **fare delle recensioni di più prodotti** appartenenti alla nicchia selezionata, inserire qualche link qua e là e il gioco è fatto. Ma non è questo il modo in cui procedere se hai intenzione di guadagnare.

In questo capitolo scoprirai che, come per la scelta della nicchia, anche per la scelta dei prodotti è necessario procedere con un criterio preciso.

Le liste dei best-seller sono fondamentali

Le **liste dei best seller** che Amazon mette a disposizione costituiscono una preziosissima fonte di informazioni utili per la scelta dei prodotti da promuovere come affiliato. Si tratta infatti di liste che possono aiutarti a capire cosa piace alle persone.

Un altro vantaggio di queste liste è che vengono costantemente aggiornate, in questo modo puoi sapere cosa interessa maggiormente al momento.

Come selezionare i prodotti da promuovere sulla base delle liste dei best-seller

In un capitolo precedente abbiamo visto qual è la procedura da seguire per accedere alle liste di best-seller nelle varie categorie di Amazon. Da queste liste puoi intanto distinguere quelli che sono i prodotti - più richiesti del momento - che appartengono alla tua nicchia e alle categorie inerenti la tua nicchia di mercato.

Il modo in cui è strutturata la pagina dei best-seller rende la selezione dei prodotti per categoria, e sulla base della tua nicchia di mercato, davvero semplice.

Accedendo nuovamente al link: https://www.amazon.it/bestsellers seleziona a sinistra la categoria che rientra nella tua nicchia di mercato, nel nostro precedente esempio abbiamo selezionato "Elettronica":

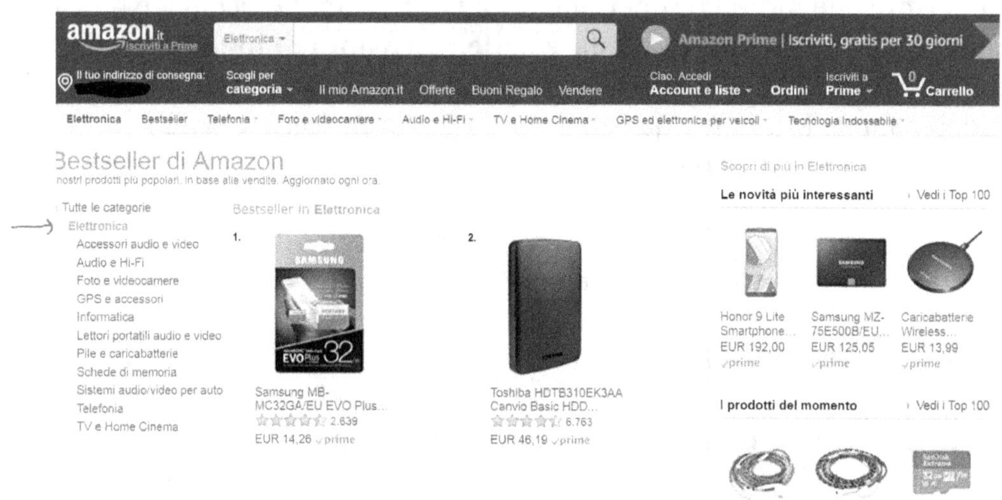

In questo modo puoi trovare i prodotti best-seller in ogni categoria e nelle categorie inerenti la tua nicchia di mercato. Procedendo in questo modo sarai anche in grado di individuare la tua nicchia nel menu della sottocategoria a sinistra, sempre per seguire l'esempio fatto prima "TV e Home Cinema".

Potrai trovare tutti i prodotti best-seller nelle varie sotto-categorie e individuare i prodotti specifici adatti alla tua nicchia di mercato.

Come puoi notare a destra della schermata che segue, puoi selezionare "Le novità più interessanti" e i "Top 100" nella sotto-categoria scelta (in questo caso "Home Cinema, TV e video"):

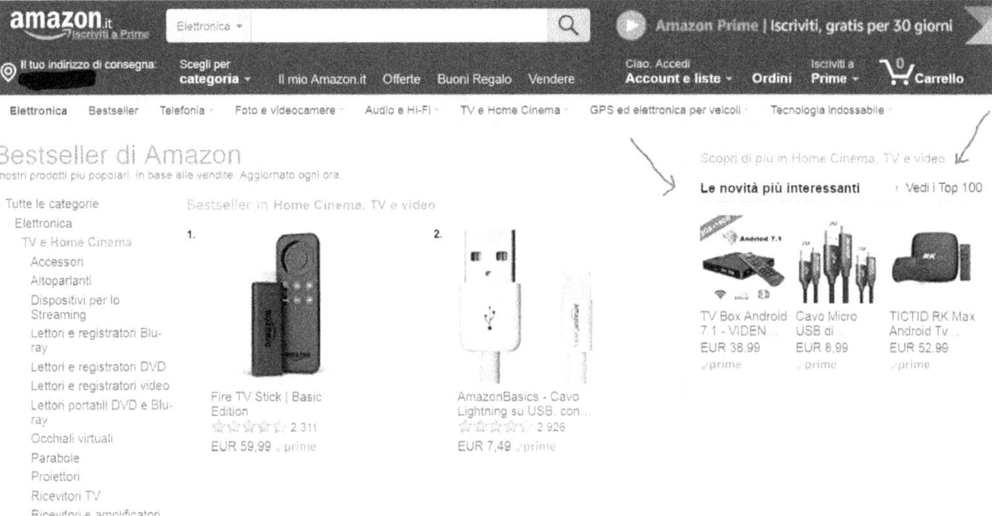

In questo modo puoi scegliere tra i nuovi prodotti attualmente più richiesti dalle persone interessate.

Fra gli articoli più interessanti si trovano i prodotti che le persone aggiungono alle loro liste dei desideri con l'intento di comprarli in un secondo momento. Questi sono perfetti per essere promossi.

Come puoi notare dalla schermata che segue hai anche la possibilità di scegliere tra "i prodotti del momento", sempre nella categoria o nella sotto-categoria che ti interessa:

Quello che abbiamo descritto è uno dei metodi più semplici ed efficaci per scegliere i prodotti da promuovere come affiliato Amazon.

Capitolo 6
Creare un sito di affiliazioni Amazon

Adesso che hai esplorato un po' il mondo di Amazon e le incredibili opportunità che offre, adesso che hai scelto una specifica nicchia di mercato e dei prodotti da promuovere, sei quasi pronto per iniziare e per generare le tue prime commissioni.

E' arrivato il momento di dedicarsi all'aspetto più tecnico del tuo business da affiliato di Amazon, è infatti arrivato il momento di settare il tuo sito web in pochi click.

Molte persone preferiscono delegare questo aspetto a terzi ma in realtà è più facile di quanto sembri. Vediamo come procedere nel modo più semplice ed economico possibile.

Quali sono i benefici nel creare un sito per le affiliazioni Amazon?

Intanto si tratta di una procedura semplice che ti permette di monetizzare i contenuti.

A differenza di molti tradizionali sistemi di affiliate marketing che ti costringono a sfruttare annunci pubblicitari invasivi e costosi, un sito affiliazioni Amazon rappresenta un metodo diretto per guadagnare online.

I cosiddetti *referral* (le persone che mandi su Amazon grazie ai link di affiliazione sul tuo sito) ti permettono di guadagnare da ogni acquisto che effettuano, indipendentemente dal prodotto.

Sfruttare la popolarità del brand di Amazon è un ottimo modo per monetizzare i contenuti che pubblichi sul tuo sito. Infatti, è proprio grazie ai tuoi contenuti informativi che puoi raggiungere quelle persone che sono già intenzionate ad effettuare degli acquisti sul marketplace di Amazon.

Di cosa hai bisogno per creare un sito per le affiliazioni Amazon?

Creare un sito per le affiliazioni Amazon da zero è molto semplice. Innanzi tutto devi scegliere un dominio. Il dominio non è nient'altro che l'URL, l'indirizzo web del tuo sito. L'ideale sarebbe scegliere un dominio inerente il tema trattato nel sito, qualcosa che sia facilmente riconducibile alla nicchia di mercato di appartenenza.

Il dominio va acquistato da un venditore come ad esempio siteground.it, controlla prima che sia disponibile.

www.stefanodelgrande.com/go/siteground

Adesso che hai scelto un nome di dominio, hai bisogno di uno spazio web ovvero di un servizio di hosting che "ospiti" appunto il tuo sito in rete. Un servizio di hosting a cui potresti appoggiarti è sempre siteground.

Siteground mette a disposizione tre diversi pacchetti che sono: "StartUp" - "GrowBig" - "GoGeek" sulla base di quanti visitatori mensili riceve il tuo sito. Con i pacchetti "GrowBig" e "GoGeek" hai la possibilità di avere siti multipli mentre con "StartUp" un solo sito. Ma direi che è più che sufficiente.

Per costruire concretamente il tuo sito ti suggerisco di usare WordPress che è molto semplice ed intuitivo e ti permette di personalizzare il tuo sito secondo le tue esigenze specifiche. Vedrai è semplicissimo, se rimani su Siteground basterà confermare l'opzione "sito in wordpress" e in pochi minuti l'installazione sarà completata, senza nemmeno uscire da Siteground.

Procedura installazione

Una volta installato, il tuo sito in WordPress è molto basico e va quindi personalizzato con un tema adatto; puoi aggiungere delle pagine dalla tua bacheca in modo da rendere il tuo sito quanto più completo e informativo possibile.

Sempre dalla bacheca potrai aggiungere dei blog post, degli articoli di contenuto, in modo da intrattenere le persone che visiteranno il tuo sito con informazioni interessanti, novità e recensioni relative ai prodotti che intendi promuovere.

Capitolo 7
Creare contenuti per il tuo sito

Adesso è finalmente arrivato il momento di creare dei contenuti per il tuo sito. Anche in questo caso, perché i tuoi sforzi producano risultati concreti, è necessario procedere con un certo criterio, seguendo delle strategie che ti permettano di raggiungere i tuoi obiettivi.

Le pagine web dedicate ai prodotti sono diffuse nel mondo dell'affiliate marketing per promuovere le offerte, in questo caso specifico di prodotti in vendita su Amazon. Lo scopo di queste pagine è quello di portare traffico alla pagina di vendita del prodotto stesso (quindi di portare traffico su Amazon attraverso i link sul tuo sito) per generare vendite e di conseguenza guadagnare in commissioni.

Quando parliamo di pagina web dedicata ad un prodotto, parliamo di una pagina di contenuto informativo relativo a quel prodotto stesso. Il contenuto informativo dovrà contenere - tra le altre cose - delle parole chiave, delle immagini del prodotto con link che rimanda all'offerta e così via.

Fai una breve ricerca per analizzare la concorrenza nella tua nicchia di mercato e per vedere come sono strutturati gli altri siti di affiliazione che promuovono prodotti in vendita sul marketplace di Amazon.

Le parole chiave che dovrai usare sono parole che le persone inseriscono quando effettuano una ricerca su Google con l'intento di acquistare un dato prodotto o di ottenere maggiori informazioni in merito.

Accertati che le parole chiave nascondano non solo l'intento di ricerca ma anche di acquisto del tuo utente finale. In merito a questo concetto è necessario che tu conosca il pubblico a cui ti rivolgi in modo da capire se è effettivamente disposto ad acquistare o solo a reperire informazioni sul web.

Le parole chiave vanno usate nel titolo, all'interno del testo descrittivo e come tags.

Le immagini sono essenziali per catturare l'attenzione degli utenti. Inserisci delle immagini in punti strategici, che siano linkate al prodotto tramite il tuo link di affiliazione. Scegli immagini accattivanti che invoglino le persone a cliccarci su, in questo modo potrai portare traffico sulla pagina di destinazione e avere maggiori probabilità di generare delle vendite.

Il contenuto deve essere scritto in modo chiaro e descrittivo, deve porre l'attenzione del lettore sui benefici e sui vantaggi del prodotto che promuovi. Per questo motivo non è sufficiente fare una recensione generica o semplicemente esprimere la tua opinione in merito. Devi essere in grado, attraverso il testo del tuo contenuto, di rispondere ai dubbi e alle domande che il tuo utente potrebbe porsi su un dato prodotto. In poche parole devi convincere il lettore che acquistare il prodotto è la miglior scelta.

Se ad esempio hai usato come parola chiave "migliori cuffie wireless", devi spiegare perché si tratta delle migliori.

La miglior soluzione, qualora non avessi tu stesso acquistato e provato il prodotto che promuovi, è quella di visitare la pagina del prodotto, direttamente su Amazon, e leggere attentamente la descrizione del prodotto con tutte le sue caratteristiche.

Dai anche un'occhiata alle sezioni "Spesso comprati insieme" e "Chi ha acquistato questo articolo ha acquistato anche". Queste due sezioni ti appaiono automaticamente una volta che hai selezionato la pagina di un dato prodotto. In questo modo puoi ampliare le tue argomentazioni, proporre ulteriori accessori oppure confrontare il prodotto che stai promuovendo con altri simili.

Infine leggi le recensioni dei consumatori partendo da quelle che hanno 5 stelle fino a quelle con una sola stella. In questo modo hai delle informazioni utili da persone che hanno acquistato il prodotto. Puoi sfruttare queste informazioni per fare un elenco, all'interno dei tuoi contenuti, dei vantaggi e di alcuni svantaggi che presenta il prodotto. Ovviamente l'enfasi sarà sui vantaggi ma elencare alcuni "piccoli svantaggi" aumenterà la credibilità della tua descrizione.

Come ultimo consiglio, ti suggerisco di scrivere blog post per il tuo sito di una certa lunghezza (anche 2000/2500 parole).

Capitolo 8
Creare il tuo account affiliato

Per poter avere i link di affiliazione di Amazon devi iscriverti al programma. Accedi al sito www.amazon.it e nel menù, in fondo alla pagina, clicca su "Diventa affiliato":

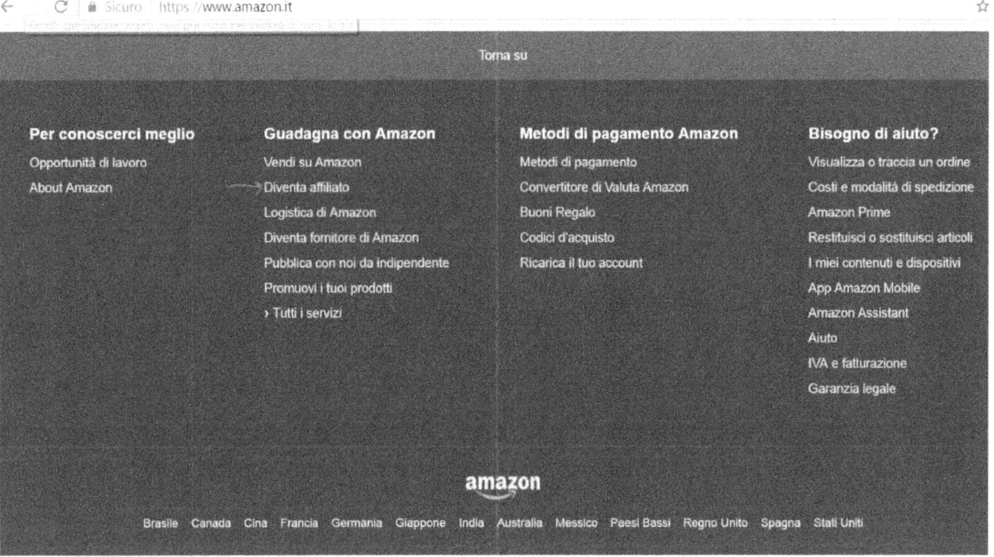

Dopodiché seleziona la voce "Iscriviti subito gratis"

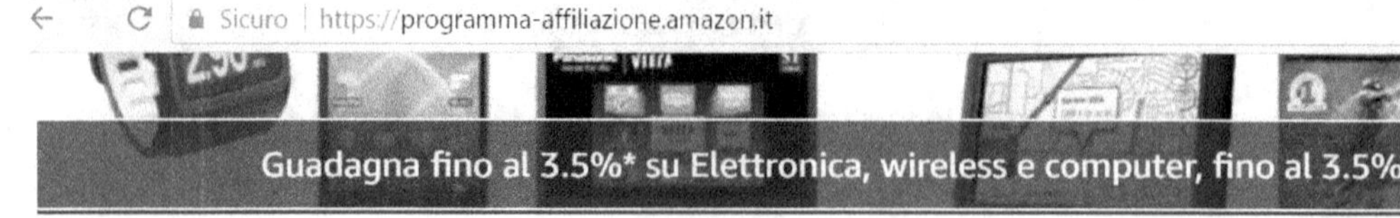

Iscriviti

Iscriversi è facile e gratuito

Registrati al programma compilando un breve modulo e crea oggi il tuo primo link di affiliazione.

Scopri di più »

Iscriviti Subito Gratis »

Pubblicizza

Scegli tra oltre un milione di prodotti da pubblicizzare.

Per i grandi network, i siti di contenuti o i blogger, abbiamo strumenti di link semplici per soddisfare le tue esigenze di pubblicità e permetterti di monetizzare il tuo sito web.

Link e Banner »

Guadagna

Ottieni fino al 10% in commissioni pubblicitarie

Guadagna commissioni pubblicitarie tramite acquisti idonei, non solo dai prodotti che hai pubblicizzato.

Inoltre i nostri competitivi tassi di conversione ti permettono di massimizzare i guadagni.

Commissioni sulle vendite »

Report »

Per iscriverti dovrai fornire il tuo indirizzo email, compilare le informazioni base del tuo account e i dati relativi al conto sul quale vuoi che vengano depositate le tue commissioni.

Di default appariranno le tue informazioni personali ma hai la possibilità di selezionare un indirizzo diverso se ne hai la necessità.

Ti verrà richiesto qual è il principale contatto per il tuo account e nella sezione "sito e applicazioni" dovrai inserire l'indirizzo del tuo sito web in cui andrai a pubblicare i link di affiliazione. Puoi arrivare fino ad un massimo di 50 siti.

Tieni presente che i siti e le applicazioni dedicati ad un pubblico di bambini di età inferiore ai 13 anni non sono idonei alla pubblicazione di link di affiliazione, quindi dovrai selezionare la casella "no" e confermare per continuare.

Compila la sezione dedicata al profilo e scegli un amazon associate ID che sia facile da ricordare in quanto questo sarà il tuo ID affiliato.

Dovrai fornire una breve descrizione del tuo sito; selezionare il tipo di prodotti che vorrai promuovere; fornire informazioni su quali sono le principali fonti di traffico che hai adottato per il tuo sito; se usi solo il programma di affiliazione di Amazon, per monetizzare i contenuti del tuo sito, oppure anche altri metodi come gli annunci ad esempio.

Segui gli step e, dopo aver terminato con le informazioni, dovrai inserire il codice di sicurezza che ti verrà fornito per passare alla sezione successiva. Riceverai una conferma del fatto che la tua identità è stata verificata e dovrai accettare i termini e le condizioni prima di terminare questa procedura.

A questo punto sarai davvero pronto per iniziare!

Capitolo 9
Inserire i link di affiliazione sul tuo sito

A questo punto abbiamo davvero fatto passi da gigante: abbiamo scelto la nicchia di mercato, abbiamo selezionato i prodotti da promuovere, abbiamo avviato un sito web e abbiamo creato un account per partire con il programma di affiliazioni di Amazon.

Adesso è arrivato il momento di capire come inviare le persone dal tuo sito al sito di Amazon in modo che acquistino attraverso il tuo link e che quindi tu possa cominciare a generare le tue commissioni.

Non è sufficiente che una persona arrivi su Amazon attraverso il tuo link di affiliazione; Amazon, infatti, deve sapere quando un utente è arrivato sul suo sito grazie al tuo link. Per farlo, Amazon usa degli URL specifici della pagina del prodotto, o link dei prodotti affiliati, fatti appositamente per tracciare gli utenti che cliccano sul link di affiliazione pubblicato sul tuo sito. Vediamo quindi come ottenere questi link e come inserirli nel tuo sito.

Accedi al tuo account sul sito di Amazon e cerca un prodotto (tra le categorie o scrivendo il nome del prodotto nella barra di ricerca). Clicca sul prodotto per accedere alla pagina del prodotto, adesso cerca in alto la "amazon associates sitestripe", da qui troverai una voce che indica "ottieni link". Puoi ottenere vari tipi di link (testo, immagine, e link da condividere sui social media). Cliccando su "testo" otterrai sia un link abbreviato che un link completo - uno *short link* e un *full link* - da pubblicare sul tuo sito. Cliccando su "immagine" potrai scegliere tra un'immagine di piccole, medie o grandi dimensioni; è disponibile anche un anteprima per vedere come apparirà l'immagine sul tuo sito.

Cliccando su "testo e immagine" otterrai un link che presenta l'intera offerta sul tuo sito, proprio come apparirebbe sul sito di Amazon. Puoi aprire il link in una nuova finestra e personalizzarlo con o senza un bordo. Anche in questo caso hai sempre la possibilità di visualizzare l'anteprima per sapere esattamente come appare sul tuo sito.

Infine puoi cliccare sull'icona di Facebook o di Twitter per pubblicare l'offerta su Facebook o su Twitter.

Puoi anche ottenere i link di affiliazione accedendo al tuo account Amazon e selezionando la cartella "link prodotto" e poi cliccando su "link prodotto". Puoi usare la barra di ricerca per inserire una parola chiave o il codice di un prodotto e, una volta selezionato, cliccare su "go".

Al di sotto ti apparirà una lista di prodotti. Seleziona quelli che intendi promuovere e clicca su "ottieni link". Puoi semplicemente copiare il link oppure personalizzarlo.

Inserire i link di affiliazione sul tuo sito è davvero semplice. Puoi cominciare inserendo i link all'interno dei blog post. Clicca su "add media" e "insert link from URL".

Sia i link in formato testo che immagine sono davvero semplici da inserire. I link in formato immagine generalmente richiamano di più l'attenzione e quindi generano più conversioni. Puoi inserire questi link copiandoli e incollandoli sempre nella sezione "add media". Inserisci i link tra un paragrafo e l'altro o dove ritieni risultino più pertinenti.

Capitolo 10
Promuovere il tuo sito

Per far si che il tuo sito di affiliazioni Amazon generi commissioni sostanziose devi dedicare un po' di tempo ad affinare le tue abilità di internet marketer. Come vedrai infatti, il programma di affiliazioni di Amazon è diverso da altri programmi e network di affiliazione online.

Dato che uno dei segreti del successo dei siti di affiliazione di Amazon sono le recensioni dei prodotti, dovrai spingerti un po' oltre la tua zona di comfort in modo da avere qualche vantaggio in più rispetto alla concorrenza e per trarre il massimo dalle offerte che promuovi.

Vediamo quindi quali sono i metodi più efficaci per promuovere il tuo - o i tuoi - siti di affiliazione di prodotti in vendita sul marketplace di Amazon.

Per fare in modo che i contenuti che pubblichi producano sempre, indipendentemente da quanto tempo addietro li hai scritti, inserisci dei link per collegare i post tra loro. Usa le parole chiave all'interno dell'articolo e altre parole pertinenti, sulla base dei prodotti che promuovi, per collegare i vari articoli del tuo blog in modo che anche i più vecchi continuino ad essere visualizzati.

Pubblica dei contenuti che istruiscano le persone a fare qualcosa di concreto, dei tutorial o delle mini-guide. Questo genere di contenuto è particolarmente apprezzato dagli utenti e di conseguenza anche dai motori di ricerca. Le persone amano i blog-post del tipo: "Come fare per...". Un altro vantaggio di questi articoli è che vengono percepiti come contenuto puro, e non come mezzo di marketing, il che è sempre gradito dai lettori, soprattutto se il contenuto è interessante ed effettivamente produce vantaggi e benefici concreti per chi li mette in pratica.

Esistono diversi metodi per promuovere il tuo sito, alcuni sono gratuiti e altri a pagamento.

Tra i metodi gratuiti potresti sfruttare alcune tecniche di SEO (*search engine optimization*) come ad esempio l'uso di parole chiave, cui abbiamo accennato precedentemente.

Tra i metodi a pagamento ci sono diverse opzioni tra cui la pubblicità sui social ad esempio: i Facebook Ads, YouTube Ads oppure la pubblicità su Google.

Esistono altri strumenti e tecniche che puoi adottare per potenziare il tuo sito web, per aumentarne l'efficacia e espanderne la visibilità.

Potresti ad esempio selezionare alcuni plugin di WordPress tra cui:

Star Ratings WordPress plugin
https://wordpress.org/plugins/rating-widget/

Questo plugin ti permette di creare e gestire delle classifiche all'interno dei tuoi contenuti. In pratica con questo plugin puoi incorporare delle valutazioni con le stelle o con l'icona del pollice all'interno dei post, delle pagine o dei commenti.

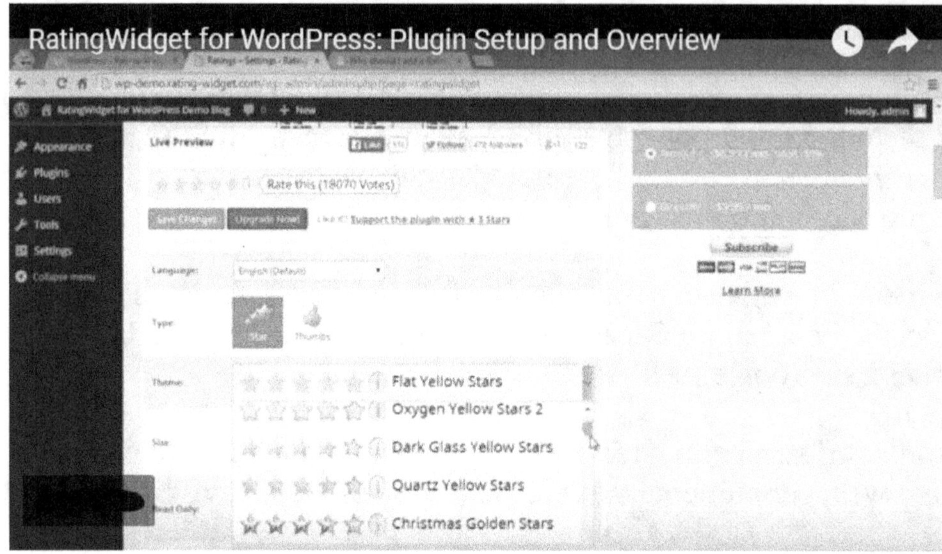

Sumo
https://sumo.com/

Sumo ti offre strumenti per aumentare il traffico e convertire le persone che visitano il tuo sito da semplici visitatori a lead. Un lead è una persona che si iscrive alla tua mailing list e alla quale puoi inviare delle newsletter di email marketing.

Sumo funziona con i principali servizi di autorisponditore come GetResponse e Aweber ad esempio.

Queryz
https://qeryz.com/

Queryz è un servizio che ti permette di inserire dei mini-sondaggi all'interno del tuo sito. Questi mini-sondaggi possono esserti utili per conoscere meglio il tuo pubblico: quali sono le abitudini d'acquisto, i dati demografici e altre preziose informazioni sulle persone che visitano il tuo sito di affiliazioni Amazon.

Thank-me-later
https://wordpress.org/plugins/thank-me-later/

Thank-me-later è un plugin di WordPress che ti permette di inviare un messaggio automatico di ringraziamento alle persone che lasciano un commento sul tuo sito. Si tratta di un metodo efficace perché aumenta l'interesse e il coinvolgimento dei tuoi lettori.

Diggdigg
https://buffer.com/diggdigg

Diggdigg ti consente di avere maggiori "mi piace" e condivisioni dei tuoi articoli rendendo il procedimento molto più facile e veloce per le persone che visitano il tuo sito.

Capitolo 11
Da un semplice sito ad un Impero delle affiliazioni Amazon

Molte persone riescono a guadagnare cifre davvero interessanti grazie al business delle affiliazioni di Amazon. Questo è uno dei motivi per cui vale davvero la pena dedicare maggiore sforzo e impegno alla creazione di un business solido, con l'intento di ampliarlo e farlo crescere nel tempo, in modo che tu possa guadagnare online e magari - un domani - vivere davvero il lifestyle dell'internet marketer.

Se l'obiettivo quindi, come abbiamo detto, è espandere e far crescere il business, vediamo quali sono i prossimi passi da seguire in questa direzione.

1.

La prima cosa da fare è creare più di un sito per le affiliazioni, ognuno dedicato ad una specifica nicchia di mercato. Le persone che guadagnano migliaia di euro vendendo i prodotti in affiliazione su Amazon non hanno un paio di siti ma decine di siti che generano commissioni dai 400 ai 600 euro al mese ciascuno. Con una decina di siti tematici su un argomento specifico arrivi a 5-6000 euro al mese.

2.

La seconda cosa da fare è creare contenuti interessanti e *SEO friendly* per i tuoi siti. Abbiamo brevemente accennato all'importanza dell'utilizzo di parole chiave.

Ti suggerisco di fare una ricerca di parole chiave inerenti la tua nicchia di mercato per sapere cosa esattamente cerca il tuo potenziale audience. In questo modo il tuo sito verrà trovato più facilmente dalle persone interessate che cercano quelle parole nel motore di ricerca.

Qui di seguito ti suggerisco alcuni strumenti che potranno esserti d'aiuto nella ricerca delle parole chiave:

Google Keyword Planner
Essendo lo strumento "ufficiale" di ricerca di parole chiave di Google è anche da considerarsi uno dei più attendibili.

Semrush
Con Semrush hai a disposizione un numero massimo di dieci ricerche gratuite al giorno.

Un altro sito utile per la ricerca delle parole chiave è *Ubersuggest.io*

Oltre all'uso delle parole chiave è necessario produrre contenuti interessanti e di valore. Questo è importante anche per essere ammessi nel programma di affiliazione di Amazon, che non ama i siti esclusivamente improntati sulla vendita e sulla promozione, senza qualità di contenuti.

3.
Scegli il servizio di hosting migliore. All'inizio potresti essere tentato dal scegliere un servizio economico, se non addirittura gratuito. Arriverà il momento, se le tue intenzioni sono quelle di creare un business solido, in cui sarà necessario investire in servizi di qualità. Tieni presente che Google penalizza i siti che sono molto pesanti da caricare e questa è una delle conseguenze in cui potresti incorrere nel caso in cui non scegliessi un buon servizio di hosting.

Anche se esistono servizi di web hosting più economici, e altri gratuiti, ti suggerisco di affidarti ad un servizio a pagamento per maggiore affidabilità e sicurezza ed evitare di incorrere in penalizzazioni da parte dei motori di ricerca.

Un servizio di hosting come Siteground, grazie alla sua speciale tecnologia SuperCacher, ti garantisce una maggiore velocità di caricamento del tuo sito. Non solo, con Siteground puoi stare tranquillo per quel che riguarda la sicurezza dato che c'è un team preposto a controllare che i siti non subiscano attacchi da parte di hacker. Oltre a ciò è previsto un backup automatico e l'aggiornamento automatico di WordPress ogni volta che ne esce una nuova versione.

4.
Al giorno d'oggi qualunque business di un certo livello deve avere una presenza costante e consistente sui social media, o quanto meno su Facebook e YouTube. Considera quindi l'opzione di delegare alcune attività (come la redazione degli articoli per i tuoi blog ad esempio) a professionisti che puoi trovare su siti come Upwork o Fiverr in modo da poterti dedicare alla tua Pagina Fan e al tuo canale YouTube.

5.
E' proprio la presenza sui social media che ti aiuterà a creare un brand per la tua attività e ad estendere la tua presenza online nell'ambito della tua nicchia di mercato. Così facendo guadagnerai fiducia da parte del tuo pubblico e la reputazione di persona autorevole nel tuo settore. Tutti questi sono fattori che in ultima analisi ti consentono di incrementare le vendite e i guadagni.

Capitolo 12
Come incorporare un *aStore* di Amazon sul tuo account Facebook

Abbiamo accennato al fatto che avere una Pagina Fan di Facebook è fondamentale per il tuo business di affiliazioni Amazon.

Proprio per questo motivo Amazon ha messo a disposizione l'*aStore*, una funzione che ti permette di promuovere facilmente molti prodotti direttamente dal tuo profilo social media di affiliazione di Amazon.

La funzione *aStore* ti consente di mostrare i tuoi link di affiliazione direttamente sulla tua Pagina Fan di Facebook sotto forma di semplice negozio online. La funzione è davvero facile da integrare.

Qui troverai la sequenza dei passaggi, è in lingua inglese perché avevo settato il mio accunt Facebook in inglese, ma in italiano non dovrebbe cambiare molto.

Accedi al tuo account Facebook e inserisci l'indirizzo:

"http://apps.facebook.com/static_html_plus/"
Clicca su:
"Add static HTML to a page"
Dopodiché seleziona "Facebook pages" dal menù a tendina in modo da selezionare la pagina in cui vuoi incorporare l'aStore. Infine clicca su: "add page tab".

Una volta completata questa breve procedura, verrai indirizzato ad una nuova pagina in cui andrai effettivamente ad integrare il tuo Amazon aStore. Clicca su "set up tab" per cancellare il testo nel campo "index.html" e per iniziare.

Creare l'aStore

Accedi al tuo account di Amazon. Nella cartella "product linking" clicca su aStore. Nella schermata successiva clicca su "build an aStore now" per creare e personalizzare un nuovo eStore.

Comincia a personalizzare il tuo aStore selezionando le categorie in cui mostrare i prodotti dall'inventario di Amazon. Clicca su "add category page", e inserisci il nome della tua categoria - così come vuoi che appaia nel tuo aStore - nel campo "enter title".

Puoi aggiungere dei prodotti a questa categoria individualmente oppure secondo le categorie di Amazon. Clicca su "continua" quando hai terminato questo passaggio.

Adesso devi procedere con la personalizzazione della tua pagina. Puoi scegliere un tema per il tuo aStore, il colore dello sfondo, l'intestazione, il formato del testo e il colore dei link.

Puoi nominare il tuo aStore e configurare l'intestazione in modo che mostri il nome del tuo aStore oppure il testo che preferisci. Una volta terminata questa fase di personalizzazione della presentazione dell'aStore clicca su "continua".

Nella sezione successiva dovrai scegliere le tue preferenze per quel che riguarda la sidebar e i widget del tuo aStore. Per ogni pagina puoi decidere quale widget mostrare. La selezione qui è totalmente a tua discrezione. Clicca su "finish and get store link".

In quest'ultimo passaggio puoi scegliere fra tre opzioni per incorporare il tuo aStore:

"simple link to my store as a standalone site";
"embed my store using an inline frame";
"embed my store using a frameset".

Dato che l'intento è quello di incorporare l'aStore su una Pagina

Facebook, seleziona: "embed my store using an inline frame" e copia il codice generato.

Incorporare l'aStore
A questo punto devi tornare al Facebook tab control panel
e incollare il codice nel campo "index.html".

Ti apparirà un messaggio di avviso semplicemente perché devi ottimizzare questo codice per Facebook.

Per farlo apporta le seguenti modifiche al codice:

- Aggiungi una **s** ad http in modo che diventi https. Questo è un controllo di sicurezza per i browser.
- Modifica il formato come segue: larghezza 815px - altezza 1200px
- Modifica il "scrolling" value to "yes"

Una volta apportate queste modifiche clicca in alto su: "salva e pubblica". Torna alla tua pagina Facebook e clicca sulla "welcome" tab. Come puoi vedere, adesso il tuo aStore è incorporato alla tua Pagina di Facebook.

Puoi cambiare il nome di questa tab da "welcome" a qualcosa di appropriato per il tuo aStore. Per farlo vai su "settings" e clicca su "edit page" tab.

Scorri alla sezione tab e clicca su "settings" e sulla "welcome"tab, dopodiché su "edit settings" per cambiare il nome della tab in qualcosa di meglio e di più indicato per il tuo aStore. Salva, clicca su "ok"e salva nuovamente. A questo punto il tuo aStore è pronto.

Capitolo 13
Altre strategie di affiliate marketing da prendere in considerazione

In questo capitolo vedremo alcune strategie che possono aiutarti ad ottenere molto di più dal tuo business di affiliazioni Amazon.

- Crea una sezione lifestyle sul tuo sito

Uno dei metodi migliori per diventare una figura autorevole nella tua nicchia di mercato, *un influencer*, è quello di avviare una sezione blog sul tuo sito dedicata al *lifestyle*. Questo perché così puoi parlare al tuo pubblico in un modo più autentico e personale e quindi puoi andare oltre il puro aspetto del marketing e della promozione dei prodotti.

In questa sezione del tuo blog potrai discutere dello stile di vita legato alla nicchia di mercato in cui operi. Usa questo spazio per comunicare direttamente con il tuo audience e invogliarlo ad interagire. In questo modo non solo incrementi le visite e la durata delle visite sul tuo sito ma, di conseguenza, migliori anche il posizionamento nei motori di ricerca del tuo sito affiliato.

- Accertati di inserire un Opt-in Form sul tuo sito

Avere un modulo di iscrizione (o un *Opt-in Form*) sul tuo sito, in modo che le persone possano iscriversi alla tua *mailing list*, è sempre un'ottima idea. In questo modo infatti puoi comunicare con i tuoi iscritti, inviare loro le novità più interessanti inerenti la nicchia di mercato in cui operi, oltre naturalmente alle email promozionali per invogliarli ad acquistare i prodotti che vendi in affiliazione.

Puoi anche informare i tuoi iscritti ogni qual volta aggiorni il sito con un nuovo contenuto o con un nuovo blog post ad esempio.

- *Crea quello che si definisce un lead magnet.*

"Un magnete" nel senso che si tratta di un elemento che attira nuovi *prospect* per la tua mailing list. Un lead magnet potrebbe essere un eBook, un audio, una serie di video qualsiasi omaggio interessante per il tuo audience che puoi offrire in cambio dell'iscrizione alla tua lista (in cambio dell'indirizzo email dell'utente).

- *Ascolta il tuo pubblico*

La sezione commenti del tuo sito, ma anche i forum e i gruppi online dedicati alla tua nicchia di mercato, costituiscono una preziosa fonte di informazioni per capire cosa maggiormente interessa il tuo audience. Quali sono i prodotti del momento, quelli che piacciono ecc.

Presta particolare attenzione ai consigli che offrono gli utenti in merito ai prodotti e alle conseguenti risposte da parte degli altri lettori. Crea dei contenuti anche sulla base di questi spunti.

- *Tieni il tuo pubblico aggiornato*

Potrebbe essere una buona idea quella di creare una sezione del tuo sito dedicata alle "offerte del giorno". Questa sezione genera curiosità nei lettori che ti seguono e potrebbe indurli ad effettuare degli acquisti che altrimenti non avrebbero effettuato.

Capitolo 14
Guadagnare online con Amazon FBA

Amazon FBA: cos'è?

Non c'è alcun dubbio in merito, Amazon FBA è considerato da molti un ottimo strumento di guadagno online. FBA è l'acronimo di *Fulfillment by Amazon* che sta per l'opzione logistica di Amazon; un servizio per immagazzinare, imballare e gestire la spedizione dei tuoi prodotti (tuoi in quanto venditore su Amazon).

Puoi guadagnare ingenti somme di denaro vendendo prodotti fisici con Amazon FBA. Grazie a questo servizio, puoi iniziare a guadagnare online anche senza aver precedente esperienza di vendita su Amazon e senza aver mai avuto un'attività online.

Amazon FBA è particolarmente apprezzato per la sua semplicità e per il fatto che con questo servizio Amazon si occupa di gran parte del lavoro per te. Certo si prende una parte dei guadagni ovviamente ma lo farebbe qualunque altro partner in affari.

Tradizionalmente, vendere online su piattaforme come Amazon e Ebay significava occuparsi non solo dell'inserimento dei prodotti sulla piattaforma, con foto e descrizioni dettagliate, ma anche dell'imballaggio e della spedizione. Il problema non si pone se i prodotti sono pochi, ma in caso contrario le cose si complicano notevolmente. Per queste ragioni, far crescere un'attività del genere richiede un grande impegno di tempo, di energie e di manodopera.

Amazon FBA semplifica tutti questi passaggi. Devi comunque inserire i prodotti su Amazon ma fai un'unica spedizione, direttamente ad Amazon, quando li metti in vendita. Dopodiché Amazon si occupa di tutti gli aspetti logistici (magazzino, imballaggio, spedizioni). Questo sistema funziona davvero bene perché ha un'organizzazione che consente al personale dei magazzini di gestire l'inventario e di trovare rapidamente i prodotti quando servono per la spedizione ai clienti.

Con *Amazon Prime* e il servizio di spedizione in un giorno, i tuoi clienti possono ricevere i prodotti acquistati in brevissimo tempo senza alcuno sforzo da parte tua. Questa procedura non è minimamente paragonabile ad una gestione più "casalinga" in cui sei tu a dover trovare l'oggetto, imballarlo, compilare i dati di destinazione, andare fisicamente in posta o chiamare un corriere per la spedizione. Senza contare il fatto che il tuo cliente riceverebbe il prodotto acquistato in tempi decisamente più lunghi.

Detto ciò, ci sono delle spese da sostenere, tra cui le spese di spedizione e di stoccaggio, tuttavia sono relativamente basse in quanto Amazon ha delle tariffe di spedizione preferenziali da cui puoi trarre beneficio anche tu. Quindi, spedire attraverso Amazon è molto più economico di quanto immagini. Allo stesso modo, avere una giacenza di prodotti nei magazzini di Amazon è un'opzione molto meno cara di altre.

Le tariffe di stoccaggio aumentano quando hai dei prodotti nel magazzino di Amazon per più di un anno, quindi è importante che ci sia un buon ricambio costante. Per questo motivo è necessario, prima di avviare il tuo business di guadagno online con Amazon FBA, fare una ricerca di mercato; scegliere la nicchia giusta e poi selezionare i prodotti da vendere nella nicchia individuata.

Avviare un'attività online con Amazon FBA è un'ottima soluzione per lavorare da casa, si tratta di un sistema molto più semplice e snello del drop-shipping o di altri modelli di business online più complicati. Inoltre ti permette di sfruttare a tuo vantaggio la notorietà del marchio Amazon.

Tuttavia si tratta di un vero e proprio business e quindi va trattato come tale e non va preso alla leggera in quanto richiede pianificazione e impegno.

Allo stesso tempo, ci sono alcune limitazioni importanti da tenere presente.

Un primo errore che molti commettono è quello di sovrastimare la quantità di denaro che è possibile guadagnare, soprattutto nel primo periodo; ci sono diverse sfide da affrontare spesso più di quanto si possa predire.
Amazon FBA è un modello di business davvero rivoluzionario e

interessante, è necessario però fare attenzione e prevedere alcuni rischi.

Qualche possibile ostacolo...

Uno dei problemi è che Amazon può *bannare* un account per diversi motivi alcuni dei quali indipendenti dal tuo controllo. Questo può accadere ad esempio quando si verificano lamentele da parte dei clienti per i prodotti venduti o nel caso in cui si vendano articoli non a norma (o contraffatti).

Essere *bannati* significa perdere le entrate dall'oggi al domani, anche perché non c'è molto che si possa fare per poter riavere l'account. Non solo, nel caso in cui questo dovesse accadere, Amazon dovrà rispedirti la merce e questo costo sarebbe a tue spese. In alternativa, potresti chiedere ad Amazon lo smaltimento della merce ma anche questa operazione ha un costo.

Come puoi immaginare, questo sarebbe un bel problema soprattutto nel caso in cui Amazon costituisse la tua unica – o la tua maggiore – fonte di entrate. E' sempre importante, anche in un business online, avere molteplici attività. In ogni caso, se decidi di aderire al programma Amazon FBA, devi conoscere e seguire alla lettera i termini e le condizioni previste.

Un'altra cosa importante è che stiamo parlando di prodotti fisici e, anche se Amazon si occupa dell'aspetto logistico, sta comunque a te trovare i prodotti, etichettarli e spedirli ad Amazon. Eventuali articoli con etichetta errata, articoli danneggiati, descrizioni non adeguate e altri inconvenienti di questo genere sono una tua responsabilità e – in alcuni casi – potrebbero compromettere l'account.

Anche qui, questi problemi possono essere evitati con una formazione adeguata.

Un altro punto riguarda l'investimento iniziale. A differenza del mercato delle affiliazioni, in cui puoi iniziare anche senza spendere nulla, con Amazon FBA devi acquistare i prodotti da mettere in vendita. Quindi, a seconda del tipo di prodotto e della nicchia di mercato che scegli, dovrai stabilire una certa cifra a questo scopo.

La differenza è che quando fai l'affiliato promuovi un prodotto ma non sei il venditore; anziché avere uno stock di prodotti indirizzi gli utenti ad un dato sito web tramite il link di affiliazione.

Cosa vendere…
Vediamo ora alcuni tra i metodi più diffusi per decidere cosa vendere su Amazon FBA.

Un primo metodo è quello di cercare articoli a basso prezzo (online o offline) e di rivenderli su Amazon.

Un'alternativa è acquistare dei prodotti all'ingrosso per poi rivenderli al dettaglio su Amazon.

Una terza opzione è il marchio privato. Fai produrre i prodotti e li rivendi con il tuo marchio, su Amazon. Un prodotto a marchio privato viene realizzato da una ditta esterna produttrice, generalmente con un contratto tra le parti, e poi venduto con il nome e il logo del venditore.

Un primo vantaggio del marchio privato è che ti basta cercare un singolo prodotto da vendere in grosse quantità piuttosto che tanti piccoli prodotti. Spesso questo è considerato il metodo più facilmente gestibile per quel che riguarda i prezzi e il più redditizio in termini di profitti.

Per vendere questo tipo di prodotto tramite Amazon FBA, ti basterà seguire alcuni semplici passaggi. Il primo è la ricerca di un prodotto per il quale ci sia una grossa richiesta e, allo stesso tempo, poca competizione. Puoi cercare questi prodotti su siti come *alibaba*, un sito che ti connette a oltre un migliaio di produttori.

Per quanto riguarda la ricerca del prodotto da vendere, potrebbe essere interessante dare un'occhiata ai *Best Sellers* di Amazon per avere un'idea di quali sono i più richiesti.

Scegli la categoria che ti interessa. In questo esempio vediamo *"Sports and Outdoors"*:

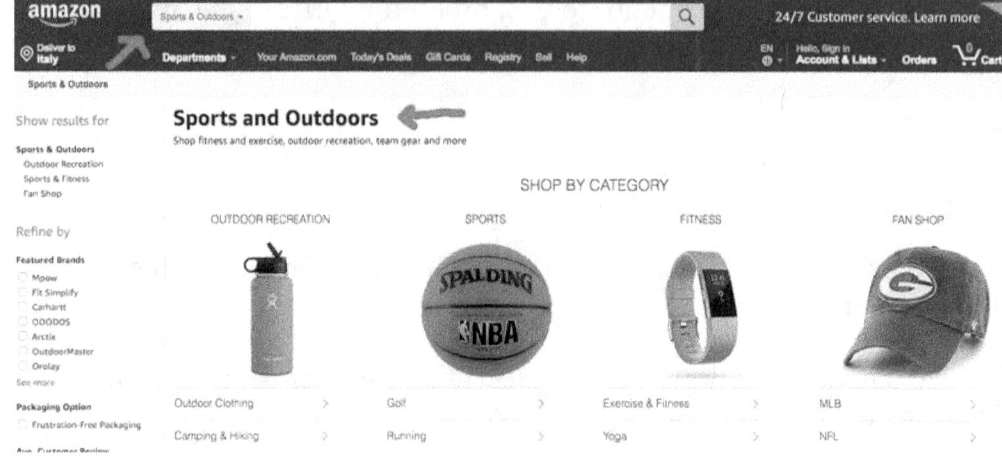

Dopodiché clicca su "*Best Seller*":

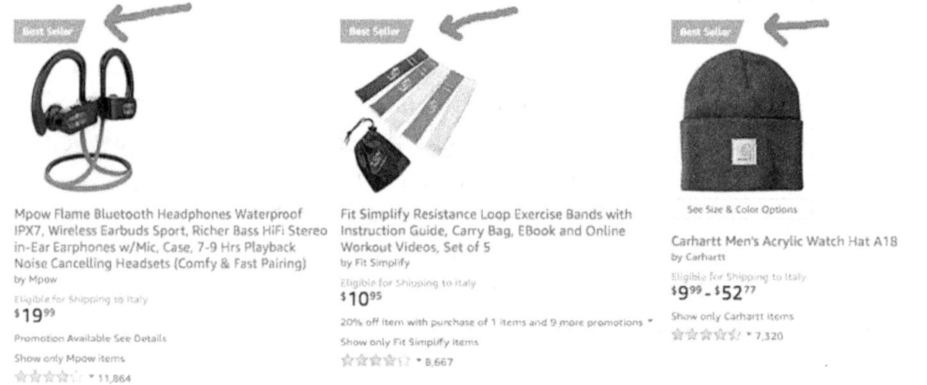

In questo modo ti si apre la schermata con tutti i Best Sellers per quella categoria:

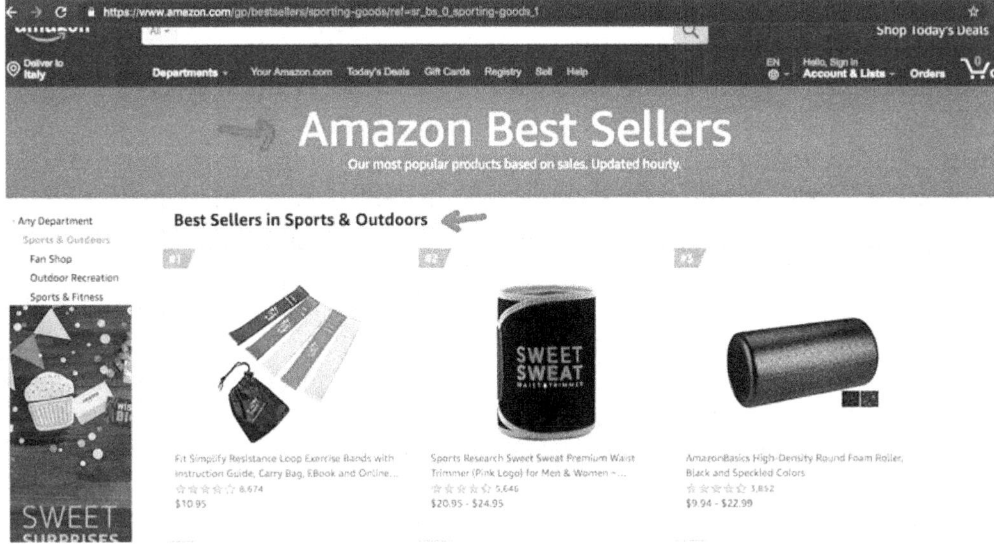

Tutto ciò che trovi nella sezione *Best Sellers* significa che - al momento della ricerca - sta facendo vendite incredibili su Amazon.

Scoprirai che spesso si tratta di prodotti di consumo, prodotti usa e getta, gadget che costituiscono il trend del momento e prodotti legati alla stagione dell'anno. L'aspetto della stagionalità è da tenere presente nel momento in cui scegli i prodotti, o il prodotto, che decidi di vendere.

I siti fornitori in Cina sono molti. Forse un passo in più è stato fatto nell'affidabilità dei Siti Cinesi più famosi, come Aliexpress, Gearbest, Bangood e Alibaba, che è molto utile per poter acquistare grandi quantità di prodotti, riuscendo anche a contattare il venditore e la fabbrica direttamente, il sito più usato per il business di Amazon FBA.

Il fatto di acquistare prodotti dalla CINA, deriva dal fatto che si possono avere prezzi decisamente più bassi, con però l'aggravante dei tempi di consegna dei prodotti, che però possono essere velocizzati grazie ai costi, anche se alti, della consegna in pochi giorni.

Ma cosa dobbiamo controllare prima di fare un acquisto dalla Cina, a chi affidarsi?

Navigando in rete, sicuramente troveremo tantissimi Siti Cinesi, e non sarà facile, specialmente per chi non ha mai fatto un acquisto online dalla CINA, buttarsi al primo e-commerce che appare sui risultati di Google.

Intanto il primo consiglio è se possibile cercare di controllare bene tutto il sito nella sua forma, vedendo tutti i dati di contatti, metodi di pagamento, metodi di consegna, programmi di affiliazioni, le garanzie ed i termini e condizioni, più completa è la parte informativa, più siamo sicuri che il sito sia affidabile.

E' importante anche controllare in rete, se vi siano dei commenti su acquisti effettuati sul sito in questione e leggerne eventuali note positive e negative. Forme di Pagamento e Dogana.

Quanto abbiamo controllato per bene il sito e siamo convinti di poter effettuare il primo nostro acquisto, dobbiamo controllare i metodi di pagamento ed eventuali dazi doganali. Per la nostra sicurezza è fondamentale che il sito in questione faccia pagare tramite PayPal.

E' sicuramente il metodo più sicuro di pagamento, che nel caso di problemi riesce a rimborsarci i soldi spesi per l'acquisto del prodotto, forse non tutti, ma almeno una grossa parte. Il consiglio che posso dare è sicuramente di provare con un piccolo acquisto di pochi euro per verificare l'affidabilità del sito. Per quanto riguarda la dogana, succederà che per prodotti ingombranti, vi saranno quasi sicuramente dazi doganali da pagare, quindi scegli sempre una categoria di articoli molto piccoli, come gadget, oggetti per la casa, tecnologici e simili.

Spese di Spedizione
Per quanto riguarda le spese di spedizione, sappiamo tutti, il problema più grande è la lunga attesa dei pacchi, ma questo solo se ti rivolgi al mercato italiano, se punti su quello americano i tempi si riducono a massimo 10 giorni. Per fortuna ci sono anche vari metodi alternativi di spedizione, che però in molti casi porta a pagare spese eccessive, anche a coprirne il costo totale del prodotto.
Alcuni siti però ormai si sono organizzati con magazzini in Europa o in America. Questo permette di poter spedire i prodotti a costi di spedizione

minore ed in tempo brevi.

Alibaba.com
Parliamo un e-commerce diciamo diverso, ALIBABA.COM. Un sito
sempre cinese, ma che a differenza degli altri, vende all'ingrosso, infatti è il
grande del mondo, di cui fa parte anche di Aliexpress. Il sito è molto
affidabile, con tantissimi fornitori, il sito ideale per l'acquisto di grosse
quantità di prodotti, più quantità si acquistano, minore è il costo per unità.
Acquistare su ALIBABA è diverso, nel senso che intanto dobbiamo
disporre di un budget maggiore, perchè come detto in precedenza, più
prodotti acquistiamo e più è conveniente, ed alcuni fornitori, mettono un
minimo acquistabile, specialmente per prodotti dal basso costo.

Per cercare di farci abbassare il prezzo, possiamo anche usare un metodo
molto comune per chi fa del business con Amazon FBA. Andare nel sito
1688.com, e controllare i prezzi dei prodotti che ci servono. Questo sito è
simile ad Amazon però in Cina, dove vi accorgerete che i prezzi sono
decisamente più bassi dei nostri. Ci segniamo il prezzo e contattiamo il
fornitore, chiedendo un ribasso del prezzo, dato che nel loro Paese il
prodotto ha un costo molto più basso, un gioco d'astuzia che fa capire che
sappiamo di cosa stiamo parlando e che ci può servire per risparmiare
qualcosa. Ma dobbiamo precisare che su ALIBABA è anche possibile
acquistare un solo prodotto, specialmente, se sono oggetti voluminosi e
costosi.

Aliexpress.com

In pratica è il commercio al dettaglio di Alibaba.com. Sito affidabilissimo,
dove poter acquistare si tutto. E' facile contattare i venditori che
generalmente rispondono subito, perciò se abbiamo dubbi su qualche
prodotto, possiamo chiedere tranquillamente. Unico problema è la
spedizione, come base porta dei tempi molto lunghi, circa 50 giorni per
l'Europa ma per gli USA siamo sui 10 giorni. Se i prodotti non arrivano nei
tempi, rimborsano tutti i soldi.

Gearbest.com

Altro sito e-commerce cinese, ormai diventato affidabilissimo, ha tantissimi magazzini in giro per l'Europa, che permette spedizioni molto più veloci a costi ridotti. Unico problema, i prodotti sono minori, non si trova proprio tutto.

Tra gli altri Siti, posso consigliare Bangood. In giro ci sono tantissimi altri siti, come LightInTheBox, MiniInTheBox, Tomtop, ma non me la sento di dare consigli su siti provati solo raramente e non per tanti acquisti.

Sicuramente Aliexpress e Gearbest, sono quelli più affidabili.

Per iniziare a vendere…

Per iniziare a vendere con Amazon FBA devi aprire un account venditore, qualora non lo avessi già. Puoi scegliere se aprire un account professionale o individuale. Se ritieni di vendere oltre 40 prodotti al mese scegli l'account professionale.

Inserisci tutti i dati richiesti, dopodiché Amazon dovrà verificare i dati inseriti tramite chiamata o messaggio sms. Dovrai poi fornire i dati bancari del conto sul quale vuoi ricevere i pagamenti.

L'inventario

Procedi poi con la creazione di un nuovo elenco dal tuo account Amazon. Questo sarà il tuo inventario. Amazon utilizza un codice numerico a 10 caratteri si chiama ASIN e sta per *Amazon Standard Identification Number*. Questo codice numerico serve per identificare i prodotti, per creare e gestire il catalogo di vendita.

Per registrare correttamente i prodotti che vuoi mettere in vendita, dovrai fornire tutte le informazioni relative agli stessi, tra cui anche il prezzo di vendita, la descrizione e le modalità di spedizione che preferisci (se vuoi che se ne occupi Amazon o se preferisci spedire tu stesso).

Ti chiederai, ma se si tratta di Amazon FBA è ovvio che desidero che se ne occupi Amazon…In ogni caso c'è la possibilità di scelta perché non devi per forza usare FBA per ogni articolo che vendi; ci sono alcuni articoli ad esempio che non possono essere spediti tramite FBA. Per questi motivi è necessario selezionare manualmente quali articoli vuoi che vengano spediti tramite il programma FBA.

Dovrai poi scegliere tra due opzioni: *FBA Label Service* o *Stickerless, Commingled Inventory*. Se vendi articoli nuovi (è possibile vendere anche articoli usati) puoi selezionare *Stickerless* (senza adesivo) *Commingled Inventory* (inventario misto). Questo significa che Amazon abbinerà il tuo inventario a quello di altri venditori che hanno prodotti corrispondenti. Se qualcuno ordina da te, Amazon può spedire un'unità corrispondente che proviene da un altro venditore ma che si trova in un magazzino geograficamente più vicino al cliente. Questo permette ad Amazon di fornire un miglior servizio clienti, un servizio più veloce.

Se scegli l'opzione *"Commingled Inventory"* devi fare attenzione perché potresti correre il rischio che l'altro venditore abbia messo in vendita prodotti contraffatti e questi potrebbero arrivare al tuo cliente al posto dei tuoi autentici.

Con il servizio *"FBA Label Service"*, Amazon mette l'etichetta sui tuoi prodotti per te. Questa operazione ha un costo minimo.

Una volta inseriti tutti i dati e compilati tutti i campi per tutti i prodotti che vuoi mettere in vendita, dovrai selezionare *"Convert&Send Inventory"*. Una volta fatto questo potrai poi creare un piano di spedizione.

Infine puoi lanciare e pubblicizzare i prodotti usando il sistema pubblicitario di Amazon.

Ultimo consiglio che ti do è quello di optare per il mercato americano in quanto la consegna dei prodotti acquistati all'ingrosso dalla Cina o da paesi asiatici è notevolmente più veloce, si parla di massimo una settimana; mentre se scegli il mercato italiano come riferimento quindi amazon.it le consegne potrebbero arrivare anche a 30-40 giorni e il cliente rimarrebbe insoddisfatto. Per cui anche se non conosci benissimo l'inglese vale la pena optare per il mercato americano.

Capitolo 15
Guadagnare con Amazon Kindle

Diciamoci la verità, tutti sappiamo come spendere su Amazon ma è davvero possibile anche guadagnare grazie ad Amazon.

Amazon è uno dei più grandi, se non il più grande, rivenditori al mondo! Vediamo Amazon infiltrarsi ovunque ormai infatti è possibile acquistare di tutto e tutto ciò che è necessario per ogni aspetto della vita, persino i prodotti alimentari.

Questo gigante della vendita sta piano piano rivoluzionando il mondo degli acquisti ed è probabile che presto rimpiazzerà completamente il tradizionale modo di fare shopping.

Questa fenomenale espansione di Amazon porta con sé numerose opportunità di business e la possibilità di guadagnare online.

Esistono diversi modi per guadagnare con Amazon, ad esempio puoi aderire al **programma di affiliazione:**

>>>https://affiliate-program.amazon.com/

questo è anche un modo per monetizzare un sito web o un blog nel caso ne avessi già uno. Ti basterà semplicemente aggiungere un link affiliato di Amazon a prodotti di cui parli sul tuo blog e quando un tuo lettore clicca sul link ed effettua un acquisto tu percepisci una commissione.

Generalmente il guadagno per te che sei l'affiliato è del 10% del prezzo di vendita del prodotto.

Amazon consente ai venditori di poter **vendere i propri prodotti** attraverso la sua piattaforma quindi, se hai dei prodotti tuoi, puoi venderli su Amazon. Le istruzioni sono qui:

>>>https://services.amazon.com/selling/getting-started.htm/ref=asus_soa_snav_how

Decidi cosa vuoi vendere, scegli un piano di vendita, crea il tuo account venditore e accedi all'interfaccia da cui puoi gestire le tue vendite.

Grazie al programma **Merch by Amazon** puoi vendere le tue creazioni artistiche e grafiche di design su diversi prodotti ad esempio le magliette personalizzate. E' molto semplice, carichi il tuo lavoro grafico, scegli il prodotto e tutte le caratteristiche (colore, taglia ecc.), imposti il prezzo, aggiungi una descrizione e Amazon crea una pagina del prodotto. Quando i clienti acquistano non devi neppure occuparti della produzione, della spedizione e di tutti quegli aspetti logistici che richiedono tempo e impegno.

Per saperne di più su Merch by Amazon vedi:
>>>https://merch.amazon.com/landing

Molto simile è il programma **Handmade** che ti consente di vendere prodotti artigianali, fatti a mano. A differenza di *Etsy* ad esempio, questo programma prevede molteplici regole da rispettare.

Per saperne di più:
>>> https://scrviccs.amazon.com/handmade/handmade.html

Uno dei metodi che preferisco è il **Self-Publishing.**
Puoi pubblicare un tuo libro in diversi formati, nello specifico: stampato-cartaceo, audio o in formato Kindle.

Questo è un modo interessante in cui puoi crearti un guadagno passivo con costi minimi se non addirittura nulli.

Grazie a **Kindle Direct Publishing**
>>>https://kdp.amazon.com/en_US

puoi pubblicare il tuo libro che sarà così disponibile per milioni di utenti in meno di 48 ore. Con i Kindle puoi guadagnare fino al 70% di royalty, in base al piano che scegli.

A breve, vedremo nello specifico il programma Kindle.

Per pubblicare un libro cartaceo invece puoi fare riferimento ad **Amazon Create Space.**

≈≈≈*≈≈≈

Amazon Kindle eBooks

Con la sempre crescente richiesta di libri digitali (eBooks), che ormai sta superando il formato cartaceo, c'è una grande opportunità di guadagnare grazie al servizio *Kindle Direct Publishing di Amazon.*

Quando si parla di Kindle ci si riferisce sia al formato ebook di un libro che al dispositivo *Kindle Reader* che serve appositamente per leggere questi libri digitali. Tuttavia, non è necessario avere un *Kindle Reader* per poter leggere i libri Kindle; si possono anche leggere sul computer e sui dispositivi *Mobile*.

Il grande vantaggio quindi è che non è più necessario trovare un editore per poter pubblicare i propri libri. Grazie ad Amazon è ora possibile vendere i propri contenuti in totale autonomia e cominciare a guadagnare.

Una volta creato il tuo account su *Kindle Direct Publishing*, in pochi minuti puoi aggiungere il tuo primo libro in vendita su Amazon. Ti basterà avere una copertina per il tuo e-book, salvare l'e-book nel formato richiesto, scegliere il tuo nome autore, un titolo, e una descrizione del contenuto del tuo libro.

Dopodiché selezionerai il prezzo e il piano royalty. Amazon revisionerà il contenuto del tuo libro prima di darti la conferma e poi lo metterà in vendita sulla sua piattaforma. Fantastico, non trovi?

Certo…Ti chiederai ma cosa scrivo? Da che parte comincio?
Magari non hai mai scritto un libro in vita tua e potresti farti prendere dallo sconforto al solo pensiero. Non temere perché ci sono diverse soluzioni e le vedremo a breve.

Intanto è necessario scegliere una *nicchia di mercato* in cui vuoi inserirti. Esistono alcune nicchie (o settori di mercato) più richieste di altre tuttavia le più richieste spesso sono anche quelle dove c'è maggiore concorrenza.

Tra le nicchie sempre in auge ricordiamo il benessere e dimagrimento (*Health & Fitness*); le relazioni (*Relationship & Dating*); guadagnare (*Wealth & Money*); crescita personale (*Self-Help*); ma anche la cucina e il *food* o vari *hobby e sport* e altre attività di *entertainment*.

Se non hai particolari esperienze in un campo specifico, o se non hai particolari interessi sui quali potresti scrivere un libro o una guida, puoi anche scegliere la nicchia facendo una semplice ricerca tra le categorie del *Kindle Store* direttamente su Amazon:

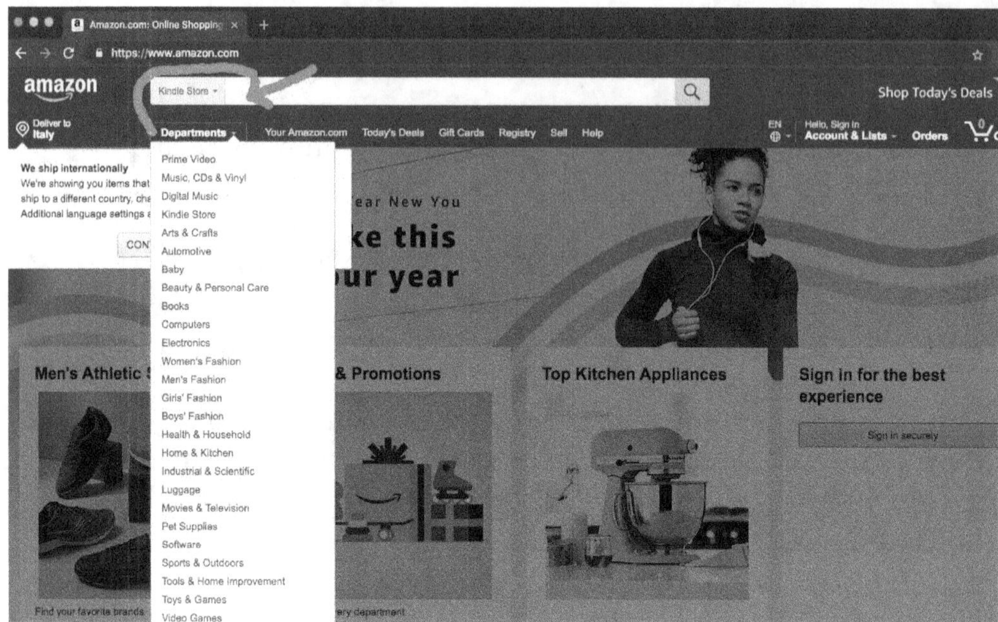

Quando si tratta di scrivere il contenuto del tuo Kindle hai diverse alternative: puoi scriverlo tu; puoi comprare un prodotto con diritti di rivendita e personalizzarlo in modo che risulti unico ed originale (e quindi puoi essere sicuro che verrà approvato da Amazon) oppure puoi farlo scrivere in *outsourcing*.

Se ti rivolgi al mercato italiano potrebbe essere più facile per te tuttavia ricorda che è molto limitato rispetto al mercato anglosassone che copre UK; Stati Uniti; Canada; Australia e tutti quelli che parlano inglese. Capisci quindi che se pubblichi in inglese il tuo pubblico si espande a livelli esponenziali. Quindi anche se conosci solo in modo scolastico l'inglese ti consiglio di optare per il mercato americano (o in lingua inglese) perché le vendite del tuo kindle saranno molte di più rispetto a venderlo sul mercato italiano. Inoltre se accedi al mercato inglese avrai a tua disposizione molte più risorse che aiuteranno nella composizione del tuo Ebook, da scrittura dello stesso alla scelta della copertina.

Se sai l'inglese, se lo parli e lo scrivi correttamente, e se sai già cosa scrivere puoi farlo da solo altrimenti puoi farlo scrivere in *outsourcing*.

Puoi assumere su una piattaforma di *outsourcing* come ad esempio *Upwork* e *Fiverr* un gost-writer, cioè una persona che sotto compenso ti scrive per te l'Ebook. Se ne trovano molti, l'unica condizione è che deve essere originale al 100% e non copiato da altri.

Una volta scelta la nicchia di mercato che preferisci, ti suggerisco di usare uno strumento di ricerca delle parole chiave da poter inserire nel *titolo* del tuo libro e nella *descrizione* che andrai a scrivere al momento della pubblicazione. Questo passaggio serve perché così hai più probabilità che il tuo Kindle venga ben indicizzato, e quindi abbia una visibilità maggiore, in una realtà così vasta come quella di Amazon.

Io mi trovo molto bene con questo strumento qui:

>>> https://keywordtool.io/

che tra l'altro ti offre la possibilità di fare una ricerca specifica proprio per Amazon:

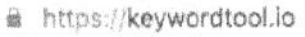

Amazon gestisce tutti gli aspetti logistici del tuo Kindle book (o dei tuoi Kindle books se scegli di pubblicare tanti, a questo proposito esiste anche la possibilità di creare delle *"collane"*). Amazon gestisce l'elaborazione dei pagamenti, eventuali rimborsi, l'assistenza clienti e tutti questi aspetti tecnici. Inoltre, più il tuo libro diventa conosciuto, più testimonianze e recensioni positive ricevi, e più il tuo libro verrà messo in evidenza.

Le opzioni di royalty sono essenzialmente due: 35 e 70%.
Se per il tuo ebook scegli un prezzo compreso tra $2.99 e $9.99 puoi guadagnare fino al 70% di royalties. Se invece il tuo ebook ha un costo maggiore o inferiore (ad esempio $0.99 / $200) allora apparterrà alla fascia 35%.

Le cifre non sono alte ma considera che si tratta di libri o mini-libri in formato digitale che possono essere anche brevi (un minimo di 50 pagine). Per guadagnare entrate consistenti, il tuo Kindle book deve necessariamente guadagnare in notorietà oppure hai la possibilità di scrivere tanti ebook e guadagnare così sulla quantità.

Ad esempio, se ti specializzi in una determinata nicchia di mercato puoi scrivere uno o più ebook per ogni argomento o sotto-nicchia che hai scelto.

Tieni presente che la scelta della nicchia è uno tra i passaggi principali perché devi accertarti che si tratti di un argomento richiesto e che ci siano sufficienti persone intenzionate ad acquistare dei Kindle su quel determinato argomento. Il segreto nel cercare una nicchia profittevole sta nel trovare un mercato abbastanza ampio ma per il quale non ci sia ancora una concorrenza troppo alta.

Prima di iniziare, ti suggerisco di fare una lista di idee per potenziali libri. Oltre a fare riferimento alle categorie del *Kindle Store* direttamente su Amazon, come abbiamo visto prima, per gli argomenti da trattare puoi anche prendere spunto da siti come:

>>> https://www.clickbank.com/
>>> http://ezinearticles.com

quest'ultimo è solo in inglese ma ti basta dare un'occhiata alla *homepage* per avere un elenco dei possibili argomenti da trattare (eventualmente anche in italiano). Considera che ogni categoria è cliccabile e presenta quindi altre sotto-categorie dello stesso argomento.

Article Categories

- Arts and Entertainment
- Business
- Computers and Technology
- Gaming
- Home Based Business
- Internet and Businesses Online
- Legal
- Real Estate
- Relationships
- Travel and Leisure

- Automotive
- Cancer
- Finance
- Health and Fitness
- Home Improvement
- Investing
- News and Society
- Recreation and Sports
- Self Improvement
- Women's Interests

- Book Reviews
- Communications
- Food and Drink
- Home and Family
- Insurance
- Kids and Teens
- Pets
- Reference and Education
- Shopping and Product Reviews
- Writing and Speaking

Come abbiamo detto, il segreto nel cercare una nicchia profittevole sta nel trovare un mercato abbastanza ampio ma per il quale non ci sia ancora una concorrenza troppo alta. Questo significa che una volta che hai le idee più chiare sull'argomento che vuoi trattare devi analizzare la concorrenza.

Puoi farlo scrivendo la parola chiave che hai scelto e cercando i risultati nel *Kindle Store*. Vediamo ad esempio *"backpain"* il mal di schiena nella nicchia del benessere (*Health*) che affligge purtroppo 7 persone su 10.

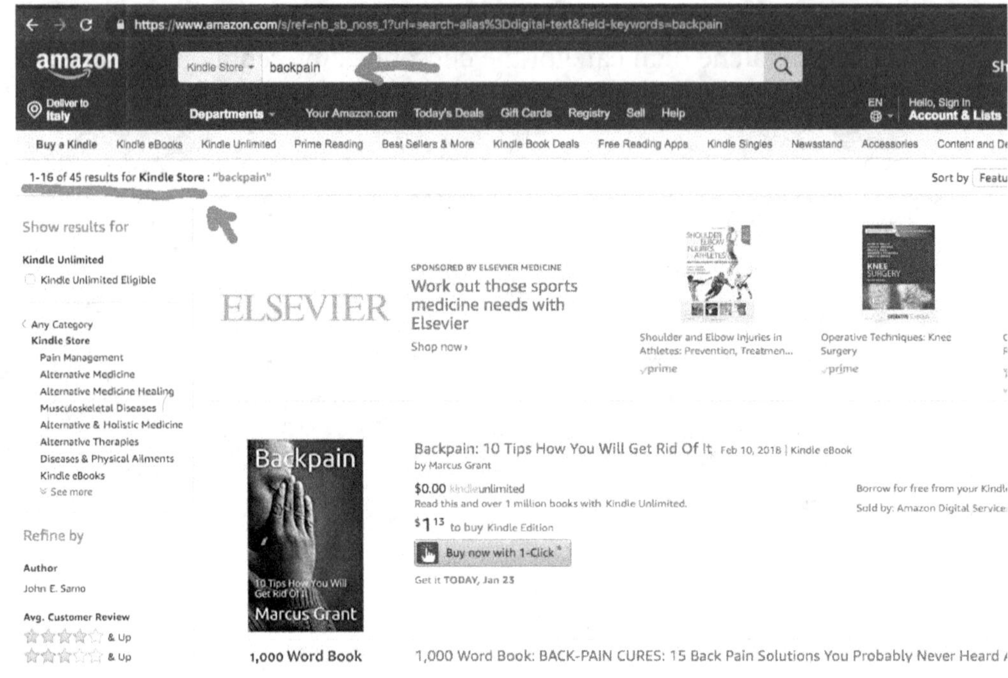

Come puoi vedere se restringiamo un po' il campo, se andiamo più nello specifico, anche la concorrenza si riduce. Proviamo con l'esempio "*backpain natural posture*":

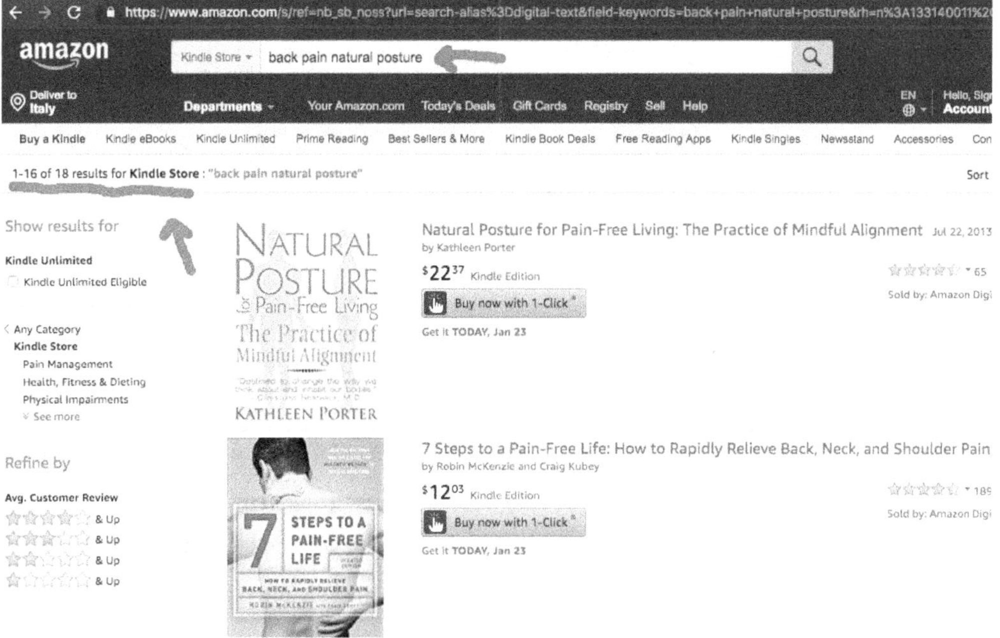

Hai visto che differenza mettendo una keyword più specifica? Il risultato è 18 risultati già esistenti anziché i 45 della *keyword* più generica.

Non guardare solo il numero di Kindle disponibili. Fai un'analisi un pochino più approfondita valutando l'aspetto grafico della copertina, la descrizione e leggendo l'estratto generalmente disponibile quando clicchi sull'ebook per vederne i dettagli.

A proposito di copertina, a meno che tu non sia un grafico potresti chiederti come faccio a farla? Non sottovalutare l'importanza della copertina molto spesso, quasi sempre, le persone sono attratte da un look fresco e moderno e da una copertina dal design curato. Viceversa se anche i tuoi contenuti sono fantastici ma hai una copertina triste e dallo stile datato le vendite potrebbero comunque non decollare o restare ridotte al minimo.

Puoi fare tu stesso la copertina se sai usare *Photoshop* oppure su un sito come https://www.canva.com/

Oppure puoi farla fare in outsourcing su <u>fiverr.com</u>

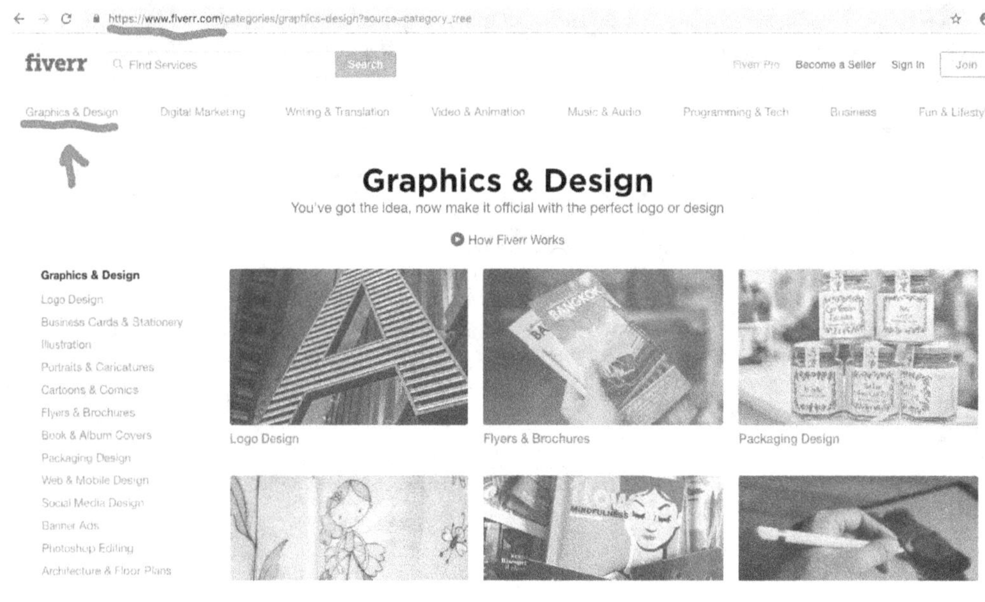

Un'altra opzione è il sito: https://killercovers.com/
un po' più caro rispetto a *fiverr* per copertine dal look più professionale.
Come puoi vedere anche *killercovers* offre una sezione specifica per Kindle

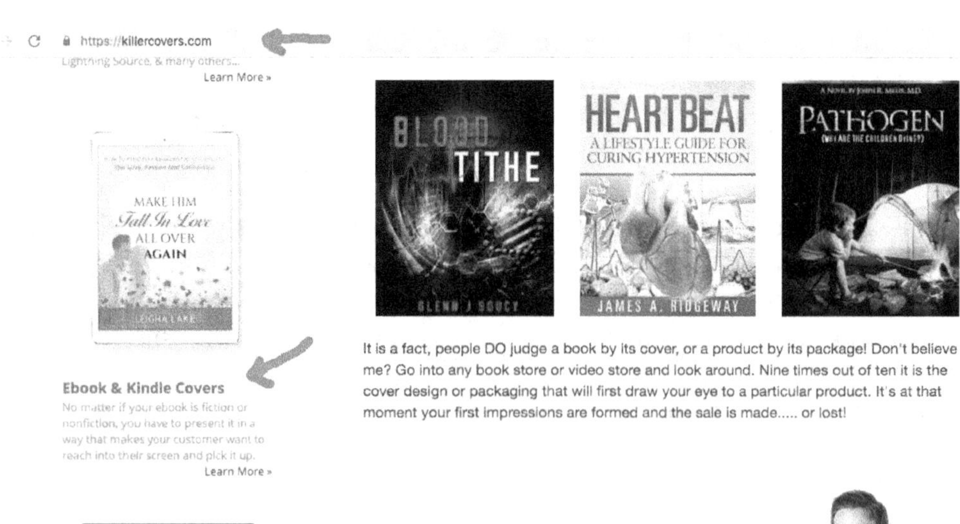

I Kindle hanno una formattazione specifica che si chiama *.mobi* e che permette una visualizzazione ottimale dell'e-Book sia su *Kindle Reader* che sugli altri dispositivi.

Esistono delle linee guida specifiche per la creazione della copertina, le trovi su:

https://kdp.amazon.com/it_IT/help/topic/G200645690

Se sei molto bravo con *Microsoft Word* o con *Pages* puoi farla tu ma devi fare molta attenzione e seguire le indicazioni al link che ti ho dato altrimenti puoi farla fare in *outsourcing* sempre su: fiverr.com con pochi euro.

Una volta che hai il tuo libro con un contenuto originale, anche breve, ma utile e interessante (ricorda che questo è importante, se scrivi più di un Kindle e li scrivi bene, avrai recensioni positive e un solo utente potrebbe comprare più di uno dei tuoi kindle questo ti permetterebbe di aumentare la visibilità e le vendite). Dicevamo, una volta che il tuo ebook è pronto in formato *.mobi*; una volta che hai usato la parola chiave per il titolo, che hai scritto una descrizione con le parole chiave, una volta che hai la copertina bella e accattivante, sei pronto per caricarlo sul tuo account Amazon e aspettare l'approvazione e la pubblicazione.

Accedi a https://kdp.amazon.com/it_IT/ per creare il tuo account:

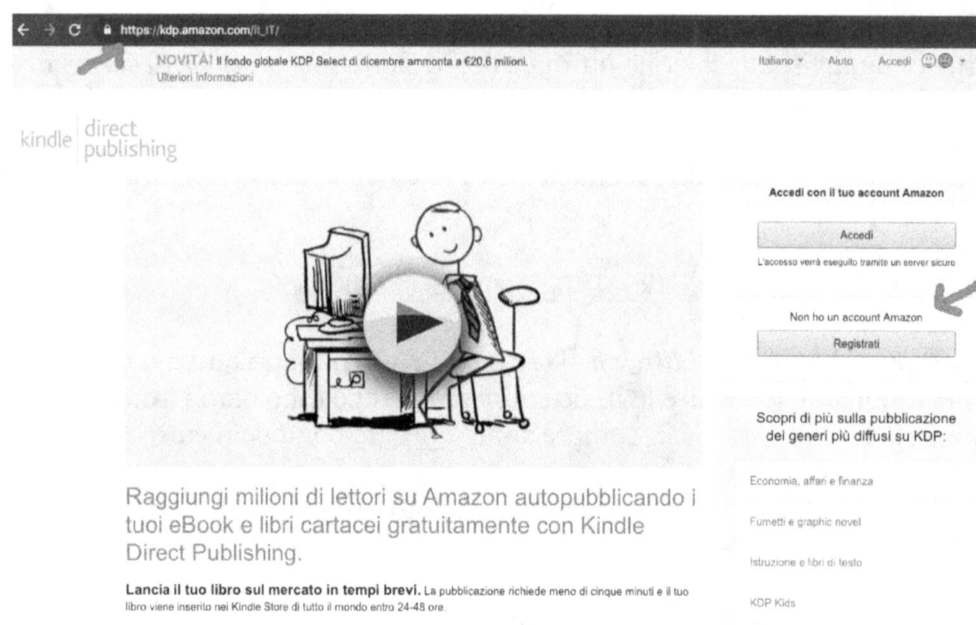

I passaggi sono molto intuitivi dovrai cliccare su *"Aggiungi Nuovo Titolo"* e seguire le istruzioni. E' importante, come abbiamo detto, che tu abbia già tutto pronto (ebook in formato *.mobi*; copertina; titolo; descrizione).

Per la descrizione hai a disposizione 700 parole, scrivi una descrizione che incuriosisca e che includa le tue parole chiave.

Non è cosa rara avere un *pen-name*, un nome d'arte; soprattutto se scrivi Kindle in diverse nicchie. Amazon ti consente di avere diverse "Pagine Autore" legate ad un unico account.

Seleziona il prezzo del tuo kindle e di conseguenza il piano Royalty, segui tutti i passaggi ed infine – quando sei sicuro di aver fatto tutto correttamente - clicca su *"Salva e Pubblica"*.

Una volta che il tuo Kindle è pubblicato è importante ottenere delle recensioni e delle testimonianze positive. Molto spesso le persone comprano proprio sulla base delle esperienze di altri clienti quindi se non hai alcuna recensione o peggio se hai delle recensioni negative farai molta fatica a vendere.

Le testimonianze devono essere autentiche e valide tanto è vero che le recensioni vengono approvate da Amazon. Come puoi vedere dalla schermata qui sotto, ci sono 2 tipi di testimonianze *"Standard"* e *"Verificate"*. Solo queste ultime ti permettono di incrementare il *ranking* dei tuoi Kindle nella piattaforma di Amazon. Sono queste le recensioni di cui hai bisogno.

There are 2 main types of reviews you can get for your book.

first are standard reviews, which are the kinds that anyone could leave for your book. These could be left by someone that bought your book OR by someone that didn't. These types of reviews are very easy to fake, which is why Amazon gives limitedranking power to reviews like these.

The second type of review, and the ones that you should be working hard to get, are "Amazon Verified Purchase" reviews. These are reviews left only by people that have actually purchased your book. Amazon places an extremely high value on these types of reviews.

Per ottenere quante più recensioni possibili devi promuove il tuo Kindle.

Puoi farlo intanto aderendo al programma *KDP Select di Amazon*, questo programma ti permette di usufruire di una promozione gratuita per un certo periodo di tempo. Segui bene le linee guida se decidi di aderire a questo programma che comporta *l'esclusiva di Amazon*. Questo significa che *non puoi venderlo da altre parti nel web* comunque io credo sia davvero vantaggioso perché ti permette di aumentare la visibilità del tuo Kindle in breve tempo.

Grazie al programma *KDP Select di Amazon,* per 5 giorni da quando decidi di aderire puoi offrire il tuo eBook gratuitamente in cambio di una recensione.

Promuovi il tuo ebook anche tramite i social media, è particolarmente utile aderire ai gruppi specifici inerenti la nicchia di mercato che hai scelto per i tuoi Kindle books. Eccone alcuni:

https://www.facebook.com/groups/kindlebookpromotions/

https://www.facebook.com/groups/kindlescout/

https://www.facebook.com/groups/PromoteKDBookDotCom/

https://www.facebook.com/groups/481534748544531/

https://www.facebook.com/groups/14282263254108467/

https://www.facebook.com/groups/kinpub/

https://www.facebook.com/groups/freekindlebookclub

https://www.facebook.com/groups/99centsorbelowbooks

https://www.facebook.com/groups/209995865832941/

https://www.facebook.com/groups/602196313230557

https://www.facebook.com/groups/AllAboutBooks2009

Se hai già un seguito di persone sui social o se hai una mailing list, è molto utile offrire in omaggio un piccolo estratto del tuo libro con all'interno il link in modo che chi fosse interessato possa acquistare il Kindle completo.

Queste erano le informazioni principali di cui hai bisogno per poter guadagnare con Amazon grazie alla pubblicazione di libri Kindle. Tieni presente che è opportuno leggere le linee guida specifiche di Amazon perché potrebbero variare di volta in volta.

Per pubblicare:
Portale Kindle

https://kdp.amazon.it (Versione in italiano)
https://kpd.amazon.com (Versione in inglese)

Nonostante si possa guadagnare anche con il mercato italiano, come ti dicevo prima, se ne hai l'opportunità ti suggerisco di rivolgerti al mercato anglosassone per avere un'audience quanto più possibile esteso.

Per avere successo, l'importante è che i tuoi contenuti siano originali, di qualità e scritti correttamente. Ti ho fornito anche molte risorse utili che puoi sfruttare se ad esempio vuoi delegare gran parte del lavoro in outsourcing.

Conclusione

Per concludere ti suggerisco di studiare le strategie che abbiamo analizzato fino qui; di sperimentarle in pratica e di ampliarle e modificarle in base alle tue esigenze specifiche ed in base a ciò che richiede la tua nicchia di mercato.

Al tuo Successo!

Max Police

www.ingramcontent.com/pod-product-compliance
Lightning Source LLC
Chambersburg PA
CBHW070039260726
48658CB00002B/667